한국의 음식

김치

한국의 음식 김치

김 숙 희 지음

우리 문화의 뿌리를 찾아서를 펴내며

한국의 전통 문화를 세계화하고자 하는 의도에서 기획된 '우리 문화의 뿌리를 찾아서' 시리즈는 다양한 분야에서 연구한 성과들을 국내외에 소개함으로써 우리 문화의 독특함과 보편성을 알리고 세계 속에서 한국 문화의 위상과 학문적 경쟁력을 높이는 데에 그 목적이 있다.

한글과 영어로 발간되는 이 시리즈는 지나치게 학술적인 경향이나 단순한 안내서의 수준을 지양하고 한국의 전통 문화를 이루는 근간을 다양한 사진 자료를 통해 세부적으로 집중 조명해 봄으로써 우리 문화를 폭넓고 깊이 있게 이해할 수 있도록 하는 데에 그 특징이 있다.

이 시리즈는 또한 현대 문명이 유발한 문제점들을 치유하는 대안이 한국의 전통 문화의 본질 속에 들어 있다는 것을 깨닫게 함으로써 세계인들이 한국 문화의 우수성을 올바로 이해하는 데에 크게 기여할 것이다.

2005년 1월

이화여자대학교출판부

책머리에

한국인의 식탁에서 김치는 빼놓을 수 없는 필수 반찬이다. 한국의 식사는 소위 주식이라고 불리는 밥과 밥을 대신할 수 있는 면류 그리고 수제비와 같은 각종 밀가루 음식 즉 탄수화물 급원이 되는 음식이 있고 이에 걸맞는 반찬들로 조화를 이룬다. 어떤 종류의 주식이 제공되느냐에 따라서 그것과 조화를 이루는 반찬이 다르지만 김치는 어느 경우를 막론하고 제공되는 필수 품목이다. 때로는 주식이 밥이나 면류가 아닌 떡으로 제공되는 경우도 있는데 이때에도 이에 걸맞는 반찬과 아울러 반드시 김치가 상에 오른다.

한국의 김치는 표준 레시피가 없는 것이 그 특징으로서 다음의 조건을 갖추면 모두 김치라고 부른다. 즉 김치의 주재료로는 배추와 무를 주로 쓰는데 이외에도 갓이나 쪽파 · 오이 · 부추와 같은 야채들을 사용하기도 하며, 양념으로는 고추 · 파 · 마늘 · 생강이 쓰인다. 거기에다가 부가적으로 다양한 젓갈들 즉 새우젓 · 멸치젓 · 황석어젓 · 갈치속젓 · 조기젓 등을 써서 간을 맞춘다. 이러한 젓갈 이외에도 해산물과 육류를 부재료로 쓰는데 해산물로는 굴 · 동태 · 낙지 · 생새우 등을 사용하며 육류로는 쇠고기를 삶아서 넣기도 한다. 이와 같은 재료가 김치 담글 때에 모두 한꺼번에 쓰이는 것이 아니라 개인의 취향과 그 가정의 전통, 또는 계절에 따라서, 또한 지방과 세시절기에 따라서 선택하는 재료가 달라진다. 그렇기 때문에 전통적으로 수백 종의 김치가 한국인의 식생활에 따라 제공되어 왔다.

우리가 '김치' 라고 부르는 것은 채소와 기타 양념에 해당하는 재료들을 혼합하여 적당히 간을 한 후 밀폐된 독이나 용기에 담아서 일정 기간 숙성시키는 공통적인 과정을 거친다. 그래서 김치는 대표적인 발효 식품이라고 할 수 있다. 세계 어느 나라 음식을 보아도 이처럼 여러 가지 채소를 혼합하여 발효시키는 경우가 없으며 그런 면에서 볼 때 한국의 김치가 유일하다고 할 수 있다.

전통적으로 한국 가정에서는 적어도 세 종류 이상의 김치가 구비되어 있어야 손님 대접과 층층시하에서의 식생활을 꾸려낼 수 있었다. 찾아오는 손님을 접대하는 수준이 끼니 때인지 아니면 간단히 대접하는 다과상인지에 따라서 상에 올리는 김치가 달랐다. 그만큼 김치는 집안의 품격과 주부의 음식 솜씨를 나타내는 바로미터로서의 역할을 한 것이다. 또한 그 집안에서만 맛볼 수 있는 독특한 맛의 김치는 그 집의 자랑스런 가풍이 되었다.

그렇기 때문에 김치에는 한 가지 레시피가 존재할 수 없었으며 가정마다 조금씩 다른 김치가 존재하였다. 또 지방마다 향토 김치가 존재하였으며 계절에 따라서 김치를 담가 먹는 채소의 종루가 다르기도 하였다. 김치는 계절과 지역에 따라서 맛이 다른데 기온이 대체로 낮은 서울 이북에서는 고추 양념을 많이 쓰지 않고 젓갈도 적게 사용하여 심심하면서도 시원한 김치를 선호하였다. 서울을 중심으로 한 중부 지방에서는 북쪽에 비해 양념을 더 쓰고 젓갈도 새우젓이나 조기젓을 주로 사용하였는데 김치 국물을 자박하게 부어서 고춧가루를 적당히 푼 김치를 애용하였다.

중부 이남은 기온이 높기 때문에 김치를 상당 기간 시지 않게 저장하려면 소금의 양이나 젓갈과 고춧가루를 많이 사용하여 양념이 진한 김치를 담가 먹었다. 우리나라 서남부에 위치한 전라남북도 김치는 주로 멸치 젓갈을 쓰며 밥을 당화시켜서 김치의 감미를 내었다. 또 경상남북도에서는 갈치속젓과 멸치젓을 써서 짭짤하게 김치를 담갔다. 전라도 김치나 경상도 김치의 공통점은 젓갈과 고춧가루를 많이 넣어 양념이 진하고 맛이 짭짤하여 높은 기온에서도 저장하기 용이하도록 하였다는 것이다. 이처럼 우리나라의 김치는 각 가정의 전통과 지역 특산물, 그 지역의 기후에 따라 맛이 각각 다르다.

최근 한국인의 식탁에는 세대별로 많은 변화가 일어나고 있다. 조부모 식탁에는 된장찌개와 김치가 필수음식으로 되어 있어서 이들은 김치가 없고 된장찌개나 장국이 없으면 식사를 하지 못한다. 이 세대들은 김치를 직접 담가서 먹고 자녀들에게까지 김치를 공급하고 있다. 그 아래 세대는 위로 부모님 모시랴 아래로 자녀들 책임지랴 힘든 샌드위치 세대이다. 이들의 식성도 변화를 시작하였지만 김치에 대한 애착은 크게 달라지지 않았다. 그러나 김치를 직접 담가 먹기보다는 상품화된 김치를 사먹거나 부모 세대로부터 얻어 먹는 가정이 점점 늘어나고 있다. 이들의 자녀 세대는 김치 맛을 잘 모르거나 김치를 거의 먹지 않는 세대이다. 그들은 다양한 서구식 퓨전 음식이나 치즈 맛에 길들여져 있기 때문에 김치가 없어도 식사를 하는 데 아무런 불편이 없다.

이렇듯 갈수록 젊은 세대의 김치 섭취량이 감소하면서 성인병이 발생하는 연령도 점차 낮아지고 있는데, 이것은 오늘날 한국이 처한 사회문제 가운데 하나이다. 그러나 국내의 이런 사정과는 달리 세계인들은 오히려 김치의 영양학적 우수성을 인정하고 대표적인 웰빙 음식으로 주목하고 있다. 오랜 동안 한국인의 밥상을 지켜온 김치가 세계인의 건강식품으로 확고히 자리매김하기 위해서는 김치에 대한 우리들의 인식이 획기적으로 바뀌지 않으면 안 될 것이다.

김 숙 희

차례

한국의 음식 김치

I
역사로 보는 김치

1. 김치의 기원

2. 김치의 역사

빗살무늬토기 신석기시대, 한양대학교박물관 소장

1. 김치의 기원

김치의 기원을 찾고자 할 때 학자들은 흔히 중국의 『시경』을 인용한다. 『시경』은 지금으로부터 약 2,500~3,000년 전의 고대인들의 생활과 정서를 시로 써놓은 책인데 이 가운데 식생활을 묘사하는 구절에 '저(沮)' 라는 말이 처음 나온다. 이는 동북아시아 3국에서 널리 통용되던 절임 음식류를 가리키는 말로서 야채를 소금에 절여 발효시켜서 아주 시어지면 먹는데 그 시고 짠 음식이 당시 사람들의 식욕을 돋구었다고 기술되어 있다. 이것이 오늘날의 김치 또는 장아찌의 원조라고 할 수 있다.

우리나라에서 문헌에 김치라는 말이 처음 등장한 시기는 불분명하다. 1518년 조선 중종때 『벽온방』에 '무딤채' 라는 말이 나오고 16세기 초엽 『훈몽자회』에도 '딤채' 라는 말이 나온다. 1670년대 정부인 안동 장씨가 쓴 『음식디미방』에는 생치팀채법(꿩고기김치) · 나박팀채 · 산갓침채가 나온다. 팀채와 침채는 동일한 의미라고 추측이 되지만 19세기 말엽에 쓰여진 『시의전서』에는 재료에 따라서 침채와 김치라는 단어를 병행하였다. 여기서 김치는 양념이 들어가서 버무려진 것이고 침채는 양념이 가미되지 않고 소금물에만 절인 야채라고 생각할 수 있다. 그렇게 본다면 침채와 팀채를 종합해서 김치라고 표현하였다고 추

갈색간토기 청동기시대, 국립중앙박물관 소장

측할 수 있다.

한국을 비롯한 아시아권은 농경 중심의 사회로서 탄수화물을 주식으로 하는 음식 문화가 발달하였다. 이때 탄수화물의 소화 흡수를 도와주는 짠 음식이 생리적으로 요구되었는데 옛날 사람들은 주변에서 채취할 수 있는 야채를 소금에 절여서 먹는 방식을 취했을 것으로 추정된다. 이러한 먹거리의 역사는 삼국시대부터 조선조에 이르기까지 지속적으로 이어져 내려와 소금에 절인 야채는 식생활에서 필수 음식이 되었다.

삼국시대에는 쌀겨나 술지게미를 이용하여 야채를 소금에 버무려 절인 오늘의 장아찌 형태의 혜형(醯型) 김치가 존재하였다. 『삼국사기』

단지 철기시대, 국립중앙박물관 소장

를 보면 신라 31대 신문왕이 왕비를 맞이하여 납채를 할 때 폐백 음식 중에 염장 발효 식품인 혜(醯)가 포함되어 있다는 기록이 나오는데 삼국시대와 통일신라시대까지 혜형 김치를 먹었을 것이라고 추측할 수 있다. 김치를 뜻하는 '저(菹)'라는 글자가 문헌에 처음 등장하는 것은 『고려사』인데 제사의 진설 음식으로 부추저 · 순무저 · 미나리저 · 죽순저를 썼다는 기록이 나온다.

장아찌 형태에 머물렀던 삼국시대와는 달리 고려시대에는 채소 재배 기술이 발달하여 질 좋은 무가 많이 생산되었고 이로 인해 동치미 · 신건지 · 짠무김치 · 나박김치가 새로이 개발되었다. 고려시대 이후부터는 장아찌와 김치가 개념적으로 분리되어 혜형 김치는 오늘의

세발그릇 고구려시대, 국립중앙박물관 소장

전 달린 토기 백제시대, 국립중앙박물관 소장

동물이 새겨진 목항아리 신라시대, 국립중앙박물관

장아찌로 발전하였고 국물이 있는 침채 형태의 김치는 동치미나 나박김치 또는 장김치로 분화하였다.

조선시대 초기까지만 해도 이와 같이 장아찌형과 신건지형을 주로 먹었는데 임진왜란을 전후하여 일본에서 유입된 것으로 추정되는 고추가 보급되면서 김치 양념의 하나로 자리잡기 시작하였다. 고추는 매운 맛뿐만 아니라 단맛과 독특한 향을 가지고 있어 김치의 맛을 돋구는 효과가 있었으며 채소가 쉽게 물러지는 것을 방지하기도 하였다. 김치에 고춧가루가 들어가면서 젓갈도 다양하게 쓰였는데 이처럼 식물성 재료에 동물성 재료가 첨가됨으로써 김치의 맛과 영양이 조화를 이루게 되었다.

조선시대 말에 이르면 통이 크고 속이 꽉 찬 통배추가 재배되면서 갖은 양념으로 버무린 오늘날과 같은 화려한 통배추김치가 등장한다. 김치는 통배추김치가 가능해진 1800년대 이후부터 일반인에게 널리 애용되어 우리 식생활에서 확고하게 자리를 잡았다고 할 수 있다.

고구려 안악3호분 우물 풍경

2. 김치의 역사

삼국시대의 김치

우리 민족이 곡류를 경작해서 먹은 시기는 B.C. 8~12세기경으로 여주 지방에서 탄화미가 출토된 것으로 미루어 짐작할 수 있다. 이러한 곡식류와 함께 섭취하였던 음식이 채소이었을 터인데 정착 생활이 보편화되면서 야채의 저장성을 높이기 위해 소금 절임이 성행하였을 것으로 추정이 된다. 삼국시대와 통일신라시대 이전의 문헌에서는 김치를 가리키는 '저'에 관한 기록을 찾아보기 어렵다.

『삼국사기』「고구려 본기」'시조 동명성왕조'에 주몽왕(朱蒙王)이 불류수(弗流水) 상류에 사는 사람들이 채소를 먹는다는 것을 알고 그곳에 가서 영토를 넓혔다는 기록이 있다. 당시 고구려 사람들은 장양(藏釀)에 능하였다고 하는데 장양에는 술 빚기 · 장(醬) · 혜(醯) · 저(菹) 등이 속한다. 또한 중국인들은 장 냄새를 고려취(高麗臭)라고 한 것으로 보아 이 시기에 이미 저장 발효 식품이 일반화되었음을 알 수가 있다.

상고시대의 김치는 소금에 절인 채소로서 식물성 발효 식품의 기원이라고 할 수 있다. 삼국시대로 들어오면서 혜는 오늘의 장아찌류로 발달하였는데, 이러한 절임 채소는 그 지역에서 생산되는 야채들을 사용하여 곡류가 주식인 식사의 간으로 섭취하였다. 이때부터 한국인의 식탁은 주식인 밥과 반찬인 절임 채소류로 정착되기 시작하였다.

고대 일본에도 발효 식품이 존재했는데 외 · 순무 · 가지 · 파 · 생강 · 미나리 · 고사리 · 쑥 등 다양한 채소들을 소금 · 장 · 말장(末醬, 오늘날의 메주) · 술지게미에 절여서 먹었다고 윤서석 교수는 말한다. 일본에서 저(菹)라는 말은 우리나라의 고구려시대 이후인 770~771년의 기록에 나타나는데 재료로는 순무 또는 여러 가지 청채(靑菜)가 쓰였고 특히 느티나무 가루와 껍질을 사용했다고 한다.

900년대 일본 고대의 왕도였던 헤이안경(현재의 교토시)의 궁중 식생활 기록인 『연희식(延喜式)』에는 소금과 느티나무 가루를 섞어서 담근 각종 저가 나오는데, 이것은 백제인 수수보리가 일본에 전한 김치의 일종으로 지금도 일본인들이 즐겨 먹고 있다. 또한 762년의 기록에는 수수보리지라는 단무지의 원형인 소금 청채가 나온다. 수수보리는 일본에 누룩으로 술 빚기를 처음 전한 백제 사람 인번(仁番)을 지칭하는 것으로 백제인에 의하여 술 빚기와 기타 발효 식품 기술이 일본에 전수된 것이다. 당시 백제인을 위시해서 신라인들도 많이 일본으로 건너갔는데, 이것으로 장아찌류를 담가 먹는 한국인들의 풍속이 일본에 정착되는 계기가 되었다고 본다. 그 이후 일본인들이 자기들 입맛에 맞도록 다양한 절임 야채를 발달시켰는데 그것이 오늘날의 나라스케이다.

삼국시대에는 채소 절임법으로 소금에 절인 것, 소금과 술에 절인 것, 소금과 술지게미에 섞어 절인 것, 소금과 식초에 섞어서 절인 것, 장에 절인 것, 소금과 술지게미에 쌀죽이나 조죽을 섞어서 절인 것 등 다양한 방식으로 채소를 절여 먹었는데, 이것을 혜형(醯型) 김치 혹은 지형(漬型) 김치라고 부른다(윤서석, 『한국식생활문화』). 이후에 채소

삼국시대의 김치　윤서석 제공

재배가 다양해지면서 무·미나리·부추와 같은 채소들을 소금물에 절여 국물을 먹는 침채형(沈菜型) 김치가 발달했고, 이와 같은 두 가지 방법이 재료를 달리하여 쓰였다.

중국의 『삼국지』「위지동이전」'고구려조'에는 '자혜선장양(慈惠善藏釀)'이라는 문구가 나오는데 '선장양'이란 고구려 사람들이 술 빚기, 장 담그기, 젓 담그기를 잘한다는 뜻이다. 이때에 발효를 시키는 재료로는 무·미나리 등 채소뿐만이 아니라 곡식·생선에 이르기까지 다양했던 것으로 추정된다. 우리 민족은 상고시대부터 채집하거나 재배한 채소 중에 염장에 적합한 것은 소금·술·술지게미·식초나 장류 등에 절여서 먹었는데, 절일 때에 쌀이나 기타 곡물을 이용함으로써 발효를 촉진시켜 맛을 좋게 하였다.

『삼국사기』 신문왕조에 보면 왕이 왕비를 맞이할 때의 폐백 음식으로 술 · 쌀 · 기름 · 꿀 · 장 · 포 · 혜 등이 열거되는데 여기에 나오는 '혜(醯)'가 젓갈이나 김치류를 총칭한다고 해석할 수 있다. 이 기록에 의하면 그 당시 어패류와 채소 발효 식품이 쌀 · 술 · 장과 함께 상용된 음식이었다고 여겨지는데 삼국시대와 고려시대의 절임 채소가 오늘날의 장아찌류와 유사하다고 할 수 있다.

고려시대의 김치

고려시대에는 채소 재배 기술의 발달에 따라 침채형 김치의 일종인 동치미가 가장 먼저 만들어지고 또 널리 애용되었던 것으로 문헌에 나타나 있다.

저(菹)라는 말이 처음 등장한 것은 『고려사』인데 새벽관제 제사를 올릴 때의 진설표에 저(菹) 4종(부추저 · 순무저 · 미나리저 · 죽순저)이 언급되어 있다. 이것이 우리나라 문헌에 나타나는 김치에 대한 최초의 언급이라고 간주하는 학자도 있다(장지현 교수).

고려시대의 문장가인 이규보(李奎報, 1168~1241)의 『동국이상국집(東國李相國集)』에 실린 「가포육영(家圃六詠)」에 보면 오이 · 박 · 파 · 순무 · 가지 · 아욱 등 여섯 가지 채소에 대해 시를 읊은 것이 있는데 "무장아찌는 여름 반찬에 좋고 소금 절인 무는 겨울 내내 반찬이네"라고 한 것으로 보아 이미 이 때에 장아찌와 김치의 개념이 분리되기 시작했음을 알 수 있다.

고려시대에는 무 · 가지 · 오이 · 부추 · 미나리 · 죽순 · 파 등 김치에 들어가는 채소류가 다양해졌고 마늘 · 천초 · 산초 · 생강과 같은 양념

청자모란문항아리 고려시대, 한양대학교박물관 소장

이 가미된 김치도 등장하였다. 그러나 젓갈이 쓰였다는 기록은 없다. 장아찌 형태에만 머물렀던 삼국시대와는 달리 고려시대에는 소금이나 초 또는 장 · 술지게미에 절인 장아찌류와 나박김치 · 동치미와 같은 침채류가 새롭게 개발되어 혜형과 침채형 두 종류가 같이 발달하였다.

조선 초기의 김치

오늘날 우리가 즐겨 먹는 김치의 형태는 조선조에서부터 유래된 것이라 볼 수 있다. 『세종실록(世宗實錄)』 오례(五禮)의 사직정배(社稷正配) 찬실도(饌實圖)에는 제물로 죽순김치 · 미나리김치 · 무김치 · 부추

파김치

죽순김치

가지김치

동치미

나박김치

고려시대 김치 윤서석 제공

김치 등을 진설하였다고 나오는데 본래 제상에 올리는 제물은 상고시대부터 내려오는 음식을 거의 그대로 올린다고 볼 때 이들 김치는 고려는 물론이고 그 이전 시대부터 만들어 먹었을 것이라고 생각해야 한다.

조선조 초기까지는 그 당시 많이 생산되던 무와 가지가 김치의 주재료로 쓰였다. 우리나라에서 가장 오래된 요리책인 『수운잡방(需雲雜方)』에는 머위와 토란줄기로 담근 김치가 명시되어 있는데 이 책이 영남 지방 주민들의 생활을 기록한 것이어서 머위와 토란 줄기로 담근 김치는 그 지역의 향토 김치라고 할 수 있다.

조선 초에만 해도 배추에 관한 기록은 찾아볼 수 없다. 선조 23년(1593) 12월에 "나복 무가 흔하게 재배되었을 뿐 잡색 채종이 부족하거나 전무한 상태임을 개탄하여 요동으로부터 잡채의 종자를 무역하는 일이 있었다"는 기록이 있다. 『규합총서』와 『수운잡방』에는 '꿩저' 또는 '생치 침채법' 또는 '생치지히'가 김치로 수록되어 있는데 이것은 모두 소금에 절인 오이와 꿩고기를 이용하여 만든 음식이다.

이 당시에는 무가 가장 많이 재배되었으므로 김치 재료로는 주로 무가 쓰였다. 김치의 종류도 양념을 넣고 짜게 버무려서 익혀 먹는 소위 장아찌 형이 가장 많았고, 그 다음이 짠지 형이었다. 즉 저장 기간이 길어야 하고 밥과 같은 주식을 먹을 때에 간이 되어야 했기 때문에 장아찌류나 짠지가 가장 흔하게 먹던 반찬이었던 것이다. 양념으로는 향신료로 천초와 할미꽃이 쓰였고, 이 때까지는 김치에 고춧가루를 썼다는 기록은 보이지 않는다. 장아찌형 김치 중에는 즙저(汁菹)가 많았다. 즙저는 주재료를 주로 즙장에 절인 것인데 『증보산림경제(增補山林經濟)』에는 '저(菹)'의 종목에서 빠지고 '장(醬)'의 종목으로 분류되어 있다. 조선조 초기까지는 채소 저장 식품으로 담갔던 것이 김치가 차차

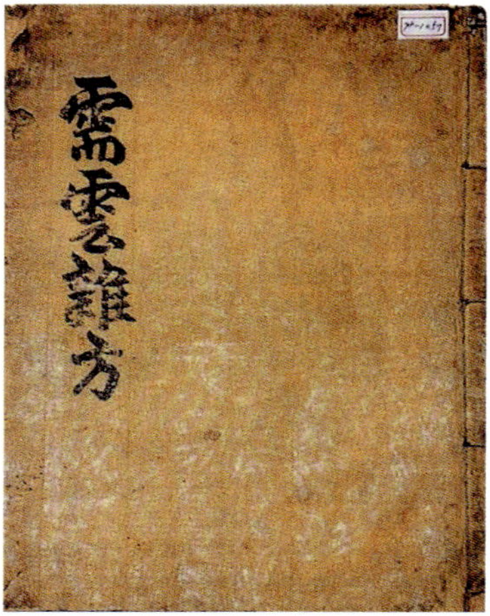

수운잡방

규곤시의방

발달하면서 즙저는 장류로 자리를 굳힌 듯하다.

조선 전기 조리서인 『수운잡방』(김유, 1481~1552)과 『규곤시의방』(음식디미방, 장씨 부인, 1598~1680)에 수록된 김치의 종류를 김치 담그는 법에 따라서 분류해 보면 조선조 초기 김치는 나박김치 · 동치미 · 신건지 · 짠지 · 석박지 · 소박이 · 장아찌로 나눌 수 있다.

나박김치

침채형 김치의 원조인 나박김치는 고려 때부터 먹었다는 기록이 있으나 그 이전부터 먹어 왔을 것이라고 추정된다. 무 · 배추 · 미나리를 썰고 양념으로 파 · 마늘 · 생강 · 실고추와 버무려 심심한 소금물에 담가서 하루 내지 3일 동안 익혀서 국물과 함께 먹는 나박김치는 이전에는 미나리와 갓만으로 담갔으며, 1800년대 이후에 배추가 생산되면서 배추와 무가 나박김치의 주재료가 되었다.

채소 재배 기술이 지금처럼 발달하지 못한 옛날에는 배추와 무를 땅속 구덩이에 묻어 두었다가 김장 김치가 맛이 없어지기 시작하는 음력 정월 즈음부터 무와 배추를 꺼내 나박김치를 담가 먹었다. 요즈음에는 무 · 사과 · 배를 강판에 갈아 즙을 내어 물을 붓고 소금으로 간을 한 후 납작하게 썬 배추와 무 · 미나리들을 집어넣고 2~3일간 익혀서 먹는다. 나박김치는 고춧가루와 실고추를 살짝 뿌려 분홍색이 도는 국물에 과실 맛이 어우러져 한국인들이 제상에 올릴 때나 평상시에도 즐겨 해 먹는 김치이다.

동치미

동치미를 먹기 시작한 때는 신라시대부터였지만 고려시대에 들어오면서 배 맛과 비교될 만큼 질 좋은 무가 생산되자 동치미를 더 많이 담가 먹게 되었다. 동치미는 겨울 김치의 일종으로 무를 짜지 않게 통째로 소금에 절였다가 파 · 마늘 · 생강 등의 양념과 절인 고추를 함께 넣고 소금물을 적당히 부어 익혀서 국물과 함께 먹는 대표적인 침채형 김치이다. 기온이 낮은 평양이나 함경도 지방의 동치미 국물은 사이다 맛에 비교될 만큼 시원하다.

이북 지방은 논작물보다는 밭작물을 주로 하기 때문에 메밀이 흔하였다. 그래서 메밀 가루로 국수를 만들어서 동치미 국물에 말아 먹는 냉면이 대표적인 음식으로 자리잡았는데, 추운 겨울 뜨끈뜨끈한 온돌방에 앉아서 시원한 냉면을 먹는 맛은 가히 일품이라고 할 수 있다. 냉장고가 일반화된 오늘날에는 기후와 지역에 상관없이 전국적으로 냉면이 여름철 별미 음식으로 사랑을 받고 있다.

동치미는 한겨울에 얼음이 둥둥 떠 있는 국물을 먹을 때에 제 맛이 난다. 날씨가 초봄이 가까워지면 동치미도 맛이 없어지는데 그럴 때 무를 건져서 채를 썰어 고춧가루 · 파 · 마늘을 넣고 참기름과 깨소금을 뿌려 무쳐 먹는다. 그러고도 남으면 동치미 무를 말려서 된장이나 고추장 속에 박아 두고 무장아찌를 만들어서 여름 내내 밑반찬으로 먹는다.

신건지

무로 담은 또 다른 김치의 일종으로 동치미보다는 좀더 짜게 절여서 봄철에 먹는다. 겨울 동치미를 다 먹고 여름의 짠지가 나오기 전까지의 봄철 반찬인데, 요즈음에는 잘 만들어 먹지 낳는다. 초여름에 오이가 나오면 무 대신 소금에 절여서 오이지를 담가 먹는데 이것도 신건지 계통의 김치이다.

짠지

김장철에 무를 짜게 절여서 이듬해 여름까지 장기간 저장할 수 있게 담근 무김치의 일종이다. 여름철 더위에 시달려 입맛이 없을 때에 노르스름하게 익은 짠지를 반듯반듯하게 썰어서 유리그릇에 담고 찬 냉수를 부어 파를 송송 썰어 넣고 식초를 한 방울 떨어트려 먹으면 잘 말린 굴비와 함께 여름 입맛을 달래는 최고의 반찬이 되었다.

서울 이남에서는 더운 날씨 탓으로 즐겨 먹지 않았고 서울 이북 지방에서는 날씨가 추워 잘 먹지 않았다. 따라서 지역적인 특색을 지니고 있는 중부 지역에서 주로 먹는 음식이다. 여름이 지나고 초가을이 되면 남은 무를 채썰어서 물에 담갔다가 짠기를 뺀 다음에 갖은 양념에 무쳐서 먹기도 한다.

석박지

무를 큼직큼직하게 썰어서 미나리 · 파 · 마늘 · 생강 · 고춧가루를 넣고 소금과 젓갈로 버무려서 간단하게 익혀 먹던 허드레 김치다. 공들여 담근 포기김치가 떨어졌을 경우에 계절과 상관없이 손쉽게 담가서 가족끼리 먹을 때에 밥상에 올린 김치라고 할 수 있다.

소박이

오이 · 가지 · 배추 등으로 만든다. 오이나 가지는 칼집을 내어 소금에 절이고 배추도 소금에 절인다. 파 · 마늘 · 생강 · 고춧가루와 젓갈로 소를 만들어서 칼집을 낸 오이 · 가지와 절인 배추에 켜켜이 소를 넣어 담그는 것이 속박이 김치이다. 특별히 배추 속박이를 만들 때는 무 · 미나리 · 파 · 갓 · 마늘 · 생강 · 고춧가루와 젓갈 · 소금 이외에 배 · 사과 · 잣 등을 소에 넣어서 버무리기도 한다. 소박이 김치는 예전에는 손님상에 오르던 김치였다.

장아찌

오늘날에는 장아찌와 김치가 서로 다른 종류로 분리되어 있지만 조선시대 문헌을 보면 장아찌가 김치에 포함되어 있다. 상고시대의 혜형(醯型) 김치가 침채형과 혜형으로 분화되어 발달하고 그것이 다시 오늘날과 같은 여러 가지 형태의 김치로 발전한 것이다. 그 과정에서 혜형 김치가 장아찌로 분화되었는데 조선조 후기 문헌인 『규합총서(閨閤叢書)』에는 '저(菹)'라는 말로 표현되어 있다.

짠지

절인 고추

조선 중기의 김치

『증보산림경제』(1766년)에 수록된 조선조 중기의 김치를 보면 담그는 방법과 김치에 사용한 채종이 초기에 비해 다양해졌음을 알 수 있다. 무 · 순무 · 오이 · 가지는 여전히 많이 쓰였지만 조선조 초기에는 흔하지 않았던 배추 · 미나리 · 갓이 상용되었다.

양념으로는 파 · 마늘 · 생강 · 청각 · 거목 · 천초와 고추가 김치 양념으로 자리잡기 시작하였다. 중부 아메리카가 원산지인 고추는 17세기 초에 전래되었는데 『지봉유설』(1634년)에 왜개자(倭芥子)라는 기록이 나오는 것으로 보아 일본을 통해서 들어온 것으로 추측된다. 이후 『산림경제(山林經濟)』에 고춧가루를 사용한 오이김치가 처음 나온다. 겨울 김치에는 고추를 저며서 썰어 넣었고 여름철 오이소박이에는 고춧가루를 만들어서 적은 분량을 썼다. 양념으로 젓갈을 쓴 흔적은 없다.

여러 종류의 김치가 문헌에 나오고 초기에 비해 김치 만드는 과정이 정성스러워졌다. 특히 초가을에 오이 · 가지 · 호박 · 송이 등을 소금에 절여 두었다가 겨울 김치를 담글 때에 섞어서 사용하였다. 최근까지도 이러한 전통이 이어져서 늦가을에 오이 · 호박, 약 오른 풋고추를 소금에 절여 두었다가 김치와 동치미 담글 때에 이용한다.

조선 초기에 비하여 밥을 섞어서 담은 것, 엿기름을 섞어서 담은 것, 마늘 찐 것에 담은 것 등 맛을 고려하여 감미를 낸다든가 향과 매운맛을 더욱 강조하는 장아찌가 출현하였다. 즉 김치 종류가 별로 달라진 것은 없지만 김치의 맛을 더 고려하였다든지 양념과 재료를 좀더 강화하였던 것으로 나타났다. 『증보산림경제』에 기술된 조선조 중기 김치의 종류는 다음과 같다.

나박김치와 동치미

나박김치의 재료는 조선 초기와 대동소이하여 무와 미나리 또는 산갓 혹은 무순을 썼으며 순무나 당귀도 들어갔다. 그리고 어린 파를 양념으로 사용한 기록도 나타난다. 동치미는 산갓을 소금물에 담근 것과 무와 무 싹을 내어서 소금물에 담가서 먹었다고 하였고, 순무와 어린 파를 소금물에 담근 순무저, 무와 당귀순과 어린 파를 소금물에 담근 무저, 그리고 가을에 절인 오이, 가지, 늙은 송이버섯들을 생강 · 파 · 청각 · 거목 · 천초와 섞어서 담근 무 동김치도 기록에 나타나 있다. 이처럼 침채 형태의 김치 담그는 법은 초기나 다를 바가 없지만 김치 재료가 이전에 비해서 다양해졌음을 알 수 있다.

신건지와 짠지

앞에서도 말했듯이 겨울에 동치미가 다 떨어지면 봄과 초여름까지는 동치미보다 간이 센 신건지를 먹었고, 여름이 되면 저장 기간이 제일 긴 짠지를 먹었다. 짠지는 그 전해 김장 때 무를 아주 짜게 소금물에 절여 두었다가 여름 반찬으로 먹었던 일종의 침채형 김치이다. 조선조 중기에 들어서면서 짠지와 신건지의 재료도 다양해져서 무 이외에 송이와 동아 · 가지 또는 늙은 오이를 사용했다는 기록이 나온다.

속박이와 석박지

속박이와 석박지는 조선조 중기에 이르면서 다양해지기 시작한다. 오이를 소금물에 담근 것을 저며서 고춧가루와 마늘 빻은 것을 그 사이사이에 넣은 오이소박이가 나타났고, 소금물에 절인 가지 사이사이에 마늘 저민 것을 넣은 가지소박이도 등장하였다. 오이와 부추잎을

초충도 중 가지와 오이
신사임당, 조선시대
오죽헌시립박물관 소장

소금에 절이고 양념으로 생강 · 마늘 · 고추 · 고춧잎 · 총백 등을 사용해서 담은 오이함저[黃苽鹹菹], 무 · 오이 · 호박 · 가을 갓 · 호박 줄기 등을 주재료로 하고 양념으로 고추 · 고춧잎 · 마늘 간 것 · 부춧잎 · 천초를 이용하여 담근 무함저, 배추를 소금물에 절여서 고춧가루 · 마늘로 담근 배추저, 미나리 · 배추 · 봄 무 · 소금 · 파로 담근 미나리함저, 봄갓으로 담근 봄갓저, 가을갓저, 어린 부들로 담근 부들저, 늙은 오이로 담근 오이저가 모두 이 시대에 나타난 속박이와 석박지 형태의 김치로서 문헌에 등장하고 있다.

장아찌

장아찌로는 생강 · 파 · 메줏가루 · 천초 · 소금을 넣고 절인 죽순초(竹筍酢), 파 · 생강 · 엿기름 · 기름 · 귤피를 소금에 절인 연뿌리초[蓮根酢], 그리고 멥쌀밥과 소금에 절인 부들순해[蒲筍酢]가 기록되어 있다.

조선 후기의 김치

조선조 후기에 이르러서야 오늘날과 같은 화려한 김치의 기반이 조성되었다고 본다. 이전에 주로 쓰였던 무 · 순무 · 가지 · 오이와 같은 절임용 김치의 재료가 조선조 후기에 오면 배추와 고춧가루를 첨가한 김치로 바뀔 정도로 알찬 통배추와 고추가 육종 재배되기 시작하였다. 한국의 고추는 일본의 다카노주메 같은 품종보다 캡사이신의 함량은 1/3이고 당분은 2배나 되어 덜 맵고 단맛이 나서 김치의 맛을 더해 준다.

우리나라에서는 13세기경에 『향약구급방(鄕藥救急方)』(1236~1251)에 배추와 관련된 문자인 숭(菘)이 처음으로 등장하였는데 당시에는 채소가 아닌 약초로 이용되었다고 한다. 그 후 『훈몽자회(訓蒙字會)』(1527)에 숭채(菘菜)라는 기록이 있고, 중종 때(1533)와 선조 때 숭채의 종자가 중국으로부터 수입되었다. 『한정록(閑情錄)』(1610년경) 17권 치농편(治農篇)에 숭채와 배추가 처음으로 등장하며 이 밖에 박세당(1629~1703)의 『색경(穡經)』, 박지원(1737~1805)의 『연암집(燕巖集)』, 홍석모의 『동국세시기(東國歲時記)』 등에도 배추에 관한 기록이 나오고 있다. 배추김치는 1800년대 말에 속이 찬 배추 품종이 나오고 고추를 양념으로 쓴 통김치가 출현하면서 오늘에 이른다.

석박지

조선조 후기에도 김치 담는 방법은 이전이나 다를 바 없어 나박김치와 동치미가 여전히 내려오고 있고 신건지와 짠지형의 김치도 계절에 맞추어 전해지고 있다. 소박이나 석박지, 장아찌도 오늘날 여전히 우리 식생활에서 밑반찬의 역할을 하고 있다. 『규합총서』(1809)에 나타나 있는 김치의 종류를 윤서석 교수가 표로 정리하였는데 그 표에 의하면 이전에 비해 김치에 들어가는 채종의 가지 수와 젓갈과 어류, 그리고 양념이 다양해졌음을 알 수 있다.

표. 『규합총서』에 수록된 김치

김치 분류	김치 이름	재 료	양 념	비 고
나박김치	산갓김치	산갓, 무, 순무, 미나리, 소금	엄파	
동치미	동침이	무, 가을에 절였던 오이와 가지, 소금물	파, 생강, 고추, 유자, 배, 석류, 꿀, 실백	
신건지	동지	무, 절였던 오이, 소금	고추, 청각	김장 후에 담가 묻었다가 설 지난 뒤에 꺼낸다.
신건지	용인 오이지	용인 오이, 소금, 뜬물		
섞박지	섞박지	무, 배추, 갓, 낙지, 생전복, 소라, 절인 오이와 가지, 날동아, 소금	파, 생강, 마늘, 고추, 청각	
섞박지	동아 섞박지	동아	파, 생강, 마늘, 고추, 청각, 젓국(조기젓국, 생굴젓국)	
섞박지	어육김치	대구, 무, 배추, 갓, 고춧잎, 미나리, 절인 오이와 가지호박	파, 생강, 마늘, 고추, 청각	
섞박지	전복김치	생전복, 유자껍질, 배, 무	파, 생강	
간장에 절인 짠지	장짠지 1	오이, 무, 배추, 송이, 생복	파, 생강, 고추, 마른 청각, 맑은 간장	오이, 무, 배추를 슬쩍 삶아 맑은 간장에 절였다가 생복송이, 양념을 켜켜로 담고 좋은 장을 달여 붙는다.
간장에 절인 짠지	장짠지 2	외, 고기, 부추, 잣가루	파, 생강, 고추, 맑은 간장, 기름	오이속을 빼고 고기를 양념하여 채워 담고 장국을 달여 붙는다.

출처: 윤서석, 『한국식생활문화』(신광출판사, 2008)

나물캐기 조선 후기, 국립중앙박물관 소장

Ⅱ
과학으로 보는 김치

1. 김치와 과학
2. 김치와 건강

통배추김치 강영숙 사진

1. 김치와 과학

흔히 영양학자들은 "자기가 먹은 음식이 자기를 만든다(Foods becomes you)"라고 말한다. 이런 시각에서 본다면 한국인의 몸은 50% 이상이 김치로부터 만들어졌다고 할 수 있다. 요즈음 신세대들은 좀 다르긴 하지만 전통적으로 한국인들은 밥 한 그릇에 김치 한 보시기로 한 끼 식사를 마치는 경우가 대부분이었다. 통배추김치는 탄수화물과 지방을 제외한 모든 영양소를 포함하고 있는 단일 식품으로 한국인의 건강을 수천 년간 지켜 왔다.

배추김치의 주재료는 배추와 무이며 양념으로 파 · 마늘 · 생강 · 고춧가루 · 실고추가 들어간다. 지역이나 각 가정의 기호에 따라 멸치젓 · 새우젓 · 갈치속젓 · 황석어젓 등의 젓갈이 쓰이며 부수적으로 굴 · 전복 · 낙지 · 생새우 · 조기 · 동태 · 갈치와 같은 어류를 집어넣기도 한다. 또한 밤채 · 대추채 · 배 · 감과 같은 과실류, 석이버섯 · 표고버섯 · 송이버섯 같은 버섯류, 잣과 같은 견과류들이 그 가정의 전통과 입맛에 따라서 다양하게 추가된다.

이렇게 다양한 양념이 들어가기 때문에 김치에는 비타민 A · D · C · K · B2 · B6 · B12 · 나이아신 · 엽산 등이 풍부하며 김장 김치는 특히 야채가 귀한 겨울철에 비타민의 주요 공급원 역할을 하고 있다.

김치에 들어가는 젓갈류 중 멸치젓은 자가분해를 하는데 육질은 각종 유리아미노산으로 분해되고 멸치의 뼈는 칼슘·인·마그네슘과 같은 무기질로 분해된다. 이와 같은 각종 유리아미노산과 무기질은 김치가 시어지는 것을 막는 완충제 역할을 한다. 기온이 높은 남부 지역 김치가 기온이 낮은 중부 지방이나 북쪽 지방에 비해서 젓갈 함유량이 많은 이유도 이 때문이다.

김치가 숙성되는 과정에서 장내 건강을 유지시켜 주는 젖산균이 증가하는데 젖산균은 정장 작용을 하며 일부는 발암성 물질이 생성되는 것을 억제한다고 알려져 있다. 또 젖산균은 채소에 붙어 있는 잡균들의 번식을 억제하며 기생충알의 살균 작용도 한다. 배추나 무 등 채소에 많이 들어 있는 식이성 섬유는 장을 자극하여 소화 흡수를 촉진시키며 섬유소는 중금속을 흡착하여 제거시키는 역할을 한다. 이외에도 항산화, 항암 작용을 하는 파이토케미칼(phytochemical)을 위시해서 아직까지 알려지지 않은 많은 성분이 김치에 포함되어 있다.

김치는 2~3%의 소금 농도 환경에서 일어나는 채소의 발효 식품으로 이 과정에서 특히 젖산균에 의한 발효로 십여 종의 유기산이 만들어지는데 이중에 우리에게 잘 알려진 젖산·구연산 등을 위시해서 모두 산성의 유기산을 만들어낸다. 미생물들이 유기산을 만드는 배지는 채소의 조직 중에 포함되어 있는 아밀레이스 등에 의해서 조직 세포 내에 있는 당을 분해하며 또한 첨가된 설탕, 무에 함유된 당질 등을 포도당으로 분해하여 이를 유산균이 배지로 쓴다.

김치에 당분이 충분히 존재하고 있는 동안은 젖산균에 의해서 젖산 발효가 진행되는 중이므로 김치가 시지 않다가 포도당이 거의 젖산 발효 배지로 쓰여서 농도가 떨어지면 그 때부터 신맛이 나는데 이 때 김치에

갈치속젓

밴댕이젓

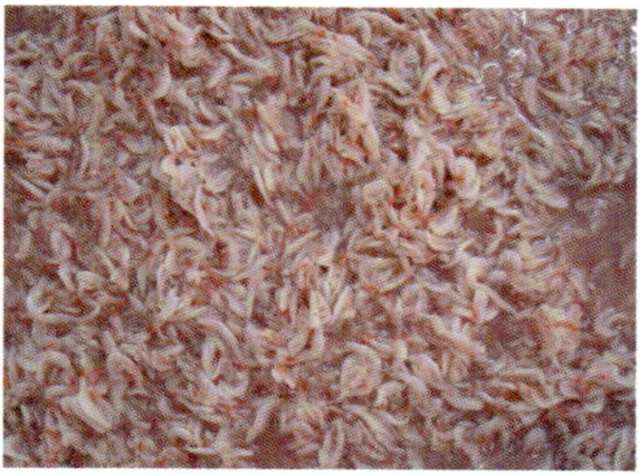

새우젓

황석어젓

첨가한 생선이나 젓갈 조직에 함유된 펩티데이스(peptidase)에 의해 단백질이 유리아미노산으로 분해되어 김치의 신맛을 덜어 주는 완충제 역할을 한다. 그리고 생성된 산에 의해서 멸치의 뼈나 다른 생선의 조직에 존재하는 무기질이 분해되어서 유리Ca 또는 P 등으로 분해된다. 시간이 지남에 따라서 김치 내의 이러한 변화 때문에 김치가 익는 시기가 각각 다르게 된다.

이렇게 볼 때 한국인의 주식인 밥과 김치에는 지방을 제외한 모든 영양분이 포함되어 있다고 할 수 있다. 김치를 썰어 넣고 참기름 몇 방울을 떨어트려 비벼먹는 김치비빔밥은 영양이 균등하게 포함된 완전식품에

가깝다. 김치는 그 냄새 때문에 외국인들로부터 환영을 받지 못했는데 최근에는 섬유질의 함량이 높고 여러 가지 유기산과 아미노산, 각종 비타민 · 무기질 · 미생물 등이 종합적으로 포함되어 있으며 항암 작용, 체중 조절, 순환계 질환 방지 등에 효과가 있다고 알려져서 세계 5대 건강식품의 하나로 선정되었다.

한국인의 의식 속에 자리잡은 김치

한국 사람이면 누구나 배가 고플 때 자동적으로 떠오르는 음식이 잘 익은 김치와 갓 지어 김이 모락모락 나는 쌀밥이다. 따끈한 쌀밥과 맛있게 익은 김치는 언제나 어머니를 연상시킨다. 이처럼 한국의 김치는 어머니의 작품이어서 딱히 정해진 레시피가 없다. 그래서 집집마다 김치 맛이 다 다르다. 한 집안의 김치 맛은 할머니에서 어머니로 그리고 며느리에게로 이어져 내려오는 손맛으로서 그 집안의 전통문화라고 할 수 있다. 그러면서도 공통적으로 김치라는 명칭이 붙는 것은 주재료가 같고 이에 부가되는 양념이나 젓갈 등이 비슷하게 들어가기 때문이다.

김치는 매끼 한국인의 식탁에서 빼놓을 수 없는 반찬이다. 그런데 김치 냄새를 식탁 이외의 장소에서 맡으면 불쾌하게 느껴진다. 몇 년 전까지만 해도 미국으로 이민 간 한국인들은 그 독특한 냄새 때문에 김치 먹는 일을 아주 조심해야 했다. 특히 직업이 의사인 경우 김치를 먹고 난 직후에는 환자를 보지 않았을 뿐만 아니라 환자를 대할 일이 있으면 김치 먹는 일을 삼가해야 했다. 그러나 김치가 현대인의 고민인 성인병과 암 예방에 효과가 있다는 과학적인 결과가 보고된 지금에는 냄새와 상관없이 세계인의 기호 식품으로 각광을 받고 있다. 요즈음 한국 사람들은 김치에 대해 대표적인 웰빙 음식이라는 자부심까지 가지고 있다.

불고기 박낙희 사진

지금까지 세계에 잘 알려진 한국을 대표하는 음식이라면 김치와 불고기이다. 불고기의 전통 명칭은 너비아니인데 쇠고기를 조금 도톰하게 썰어서 파, 다진 마늘, 깨소금, 후춧가루, 참기름, 설탕을 넣고 잠깐 재워 두었다가 숯불에 구워 먹는다. 요즈음은 팬에다가 기름을 살짝 두르고 가스불에 구워 먹는 방법이 애용되고 있다. 고기를 다 먹고 난 후에는 김치를 송송 썰어 넣고 팬에 남아 있는 불고기 양념 국물과 함께 밥을 볶아 먹으면 그 맛이 일품이다. 최근에는 불고기를 먹으면서도 건강상의 이유로 고기를 김치에 싸서 먹기도 한다.

돼지고기보쌈 이춘자 사진

서민들이 많이 먹는 음식인 돼지고기보쌈은 삶은 돼지고기를 베보자기에 싸서 다듬잇돌로 눌러 놓았다가 얇게 썰어 초젓국에 찍어 먹거나 김치 잎에 싸 먹는다. 전통적으로 한국인의 육류 먹는 방법은 서양 사람처럼 덩어리 고기를 썰어서 배가 부르도록 먹는 것이 아니라 몇 점 먹는 것으로 젓가락을 놓았다.

최근에는 김치 먹는 양은 감소하고 육류 섭취량이 증가하면서 국민 건강에 적신호가 켜지고 있다. 각 가정에서 독특한 자기 집안의 김치 맛을 자랑하던 시절도 모두 세월의 뒷전으로 사라지고 요즈음은 김치가 상품이 되어 팔리고 있다. 젊은 주부들은 김치 담그기가 번거롭다고 또는 담그는 방법을 모르기 때문에 백화점이나 마트에서 손쉽게 사먹는다. 이러한 풍조는 전국의 김치 맛을 획일화시키고 있어서 각 가정이 지니고 있던 독특한 김치 맛을 사라지게 하고 있다. 대단히 아쉬운 음식 문화의 소멸이다. 여기에다 중국에서 김치를 담가서 한국으로 역수출한다는 이야기를 들을 때면 우리 문화를 도둑맞은 느낌마저 든다. 고유한 전통을 보전하기 위한 우리들의 노력이 절실하게 요구되며 한국 주부들이 음식 문화 지킴이로서 반성을 해야 할 점이다. 한국의 김치 전통은 한국인이 만든 김치로 지켜져야 한다고 믿기 때문이다.

김치와 한국인의 식사

앞에서 우리는 고대 국가 시대부터 조선조 중기에 이르기까지 소금에 절인 각종 채소를 김치의 원조라고 칭해 왔다는 것을 알았다. 동치미나 나박김치는 고대인들이 섭취했던 음식이지만 지금도 한국인이 즐겨 먹고 있다. 짠지와 신건지, 소박이와 석박지 그리고 장아찌에 이르기까지 한국인들이 즐겨 먹고 있는 침채형 · 해형 김치를 통틀어 절임 채소인 '저(菹)'라고 할 수 있는 것이다. 조선조 후기에 들어와 통배추가 재배되고 고추가 유입되면서 오늘날과 같이 고춧가루로 버무린 포기김치가 정착이 되었다. 이와 같이 포기김치는 고춧가루를 배추에 가미하면서 창의적으로 만들어낸 세계적으로 유례가 없는 한국 고유의 전통 음식이라는 것을 다시 한번 강조하고 싶다.

한국인의 식단에는 밥이 나오고 반찬으로는 반드시 김치와 찌개 또는 국이 있어야 한다. 여기에서 김치라고 하면 주로 통배추김치를 말하는데 나박김치나 겨울에 먹는 동치미 또는 여름용 짠지는 요즈음에는 전통을 고수하는 집에서만 찾아볼 수 있는 특별한 반찬이 되고 있다.

반찬에는 국과 찌개에 더하여 채소를 삶아서 무친 숙채나 생채 나물, 생선이나 육류가 있고 멸치나 북어 보푸라기 같은 마른 반찬 볶음이 있다. 짠 반찬으로는 소라젓 · 새우젓 무침과 같은 젓갈 반찬과 간장이나 볶음 고추장이 상 한가운데에 놓이기도 한다. 경우에 따라서는 생선 전유어나 전이 나오면 찍어 먹도록 초간장을 올리기도 한다. 또 생선회나 두릅나물 데친 것, 초강회 같은 반찬이 마련되면 초고추장을 올리기도 한다.

한국인의 식단은 서양인의 식단과는 매우 다르다. 미국인은 그들이 선호하는 스테이크를 먹을 때 구운 쇠고기나 양고기 또는 닭고기 덩어리에다가 구운 감자 한 덩이와 삶거나 데친 야채에 빵을 곁들인다. 흔히 메인 음식을 먹기 전에 샐러드를 먹고 이어서 크림 수프나 맑은 장국과 같은 콘소매 수프를 전식으로 먹기도 한다. 이러한 미국인의 식단에 비하면 한국인의 식단은 복잡하다. 그래서 젊은 주부들이 한식 상차리기를 부담스러워한다. 그러나 한국 식단으로 한 끼의 식사를 하는 것이 기름진 고기 위주의 서양식 식사보다 건강식이라는 것은 모두가 공감하는 사실이다.

한국식 상차림 박낙희 사진

한국인은 주식인 밥에 반찬을 곁들여서 식사를 한다. 한국인들은 거의 대부분 밥을 한 번 떠먹은 후에 반찬을 먹고 거기다 또 김치를 집어 먹는다. 더구나 고기를 먹으면 반드시 김치를 먹어서 육류의 느끼함을 없애려고 한다. 한국인들은 간식으로 떡이나 국수를 먹을 때도 김치를 곁들여 먹는다. 어릴 적 학교가 파하고 집으로 돌아오면 어머니가 찐 감자나 고구마를 간식으로 주시면서 "목이 메일라, 김칫국부터 마시고 먹어라" 하는 소리를 들으면서 한국인들은 자랐다.

이런 경우 김치는 소화제 역할을 한다. 한국인이면 누구나 잘 익은 김치 하나만 있으면 다른 반찬이 없어도 한 끼 식사를 마칠 수 있다. 김치는 주 재료가 채소이기 때문에 흔히 서양 식단의 샐러드와 비교되지만 반찬과 반찬 사이에 입맛을 바꾸어 주는 역할을 한다는 의미에서 서양인들이 식사를 하면서 마시는 와인과도 비교할 수 있다.

2. 김치와 건강

김치의 주재료는 배추와 무다. 여기에 파 · 마늘 · 생강 · 고춧가루 같은 양념과 미나리 · 갓 · 쪽파 같은 채소, 감 · 배 · 대추 · 밤을 위시한 다양한 과실, 새우젓 · 멸치젓 · 갈치속젓과 같은 젓갈들이 들어가고, 지역에 따라 삶은 고기나 낙지 · 굴 · 동태 · 갈치 등의 해산물이 첨가되는데 어떤 김치를 어느 계절에 담그느냐에 따라서 들어가는 재료들이 달라진다.

김치는 단일 식품이지만 각종 비타민과 무기질, 유리아미노산, 소량의 당과 지방이 모두 함유되어 있다. 비타민 중에서도 고추에 다량 함유되어 있는 카로틴은 체내에서 비타민 A를 공급해 주고 겨울에 먹는 김장 김치는 비타민 C의 주요 공급원 노릇을 한다. 그리고 현대인에게 결핍되기 쉬운 섬유소의 주요 공급원이 되는데 요즈음 젊은 층의 김치 섭취량이 감소하면서 성인병의 발병 연령이 차츰 낮아지고 있다는 통계가 있다.

김치는 대표적인 발효 식품으로서 유산균의 보고이다. 김치의 유산균은 장 안에 기생하면서 잡균을 정장해 주는 역할을 한다. 세계적으로 이름난 장수 마을에 요구르트를 많이 마시는 지역들이 선정되어 있는데 김치도 발효 식품으로서 요구르트와 같은 효능을 지니고 있다. 우리나라의

배추

무 · 쪽파 · 갓 · 사과 · 배

고추 · 청각

마늘 · 생강 · 파 · 밤

송이버섯

동태 · 대추 · 다시마(육수)

생새우

굴

조기

장수 마을 역시 대도시 지역이 아니라 농촌이나 산촌에 대부분 위치하였고, 이들의 식습관을 보면 도시인들보다 김치 섭취량이 훨씬 많다.

최근의 연구 결과를 보면 마늘의 항암 효과가 세계적으로 주목을 받고 있는데 마늘에 함유된 아닐린을 섭취하는 데에도 김치는 매우 적합한 음식이다. 김치에 함유된 상당 양의 고춧가루는 맵다는 이유로 위궤양이나 위염 같은 질환에 역효과를 낸다고 여겨졌지만 실험 결과 별다른 영향을 미치지 않는 것으로 판명되었다. 오히려 고추의 매운 맛을 내는 캡사이신은 우리 체내의 항산화 작용을 하는 사이토크롬 P450의 활성을 증가시켜서 산화작용으로 일어나는 노화를 방지해 준다. 또 매운 음식을 먹으면 에너지 소모가 크므로 요즈음 누구나 관심을 가지고 있는 다이어트에 대단히 효과적이라고 해서 매운 음식 중에서도 유독 김치가 환영을 받고 있다.

또 배추를 절이고 간을 맞추는 데 사용되는 소금의 영양 가치에 대해서도 언급을 하지 않을 수 없다. 우리나라 서남해안 지역은 간만의 차가 크고 경사가 완만하며 미네랄이 다량 포함된 양질의 갯벌을 기반으로 하여 거의 알칼리성에 가까운 소금을 생산하는 데 적지로 알려졌다. 서남해안의 천일염은 중국이나 일본 · 멕시코 등 세계 다른 지역에서 생산되는 천일염보다 염화나트륨의 함량은 낮고 수분이나 황산이온, 미네랄 함량은 상대적으로 높은 것으로 알려졌는데, 특히 칼슘과 마그네슘 함량은 3배 정도 높은 것으로 나타나 있다. 한국의 전통 발효 식품인 김치나 장류, 젓갈류 등도 이 지역에서 생산되는 천연 미네랄이 풍부한 천일염을 사용함으로써 그 독특한 맛을 이어올 수 있었다.

김치는 막 담은 초기에 젖산이 발효되면서 김치가 익게 되고 이후 초산 발효 과정에 의해 시어진다. 이러한 김치의 맛을 유지시키는 데에는

염전 전남 신안군 '섬내음' 사진 제공

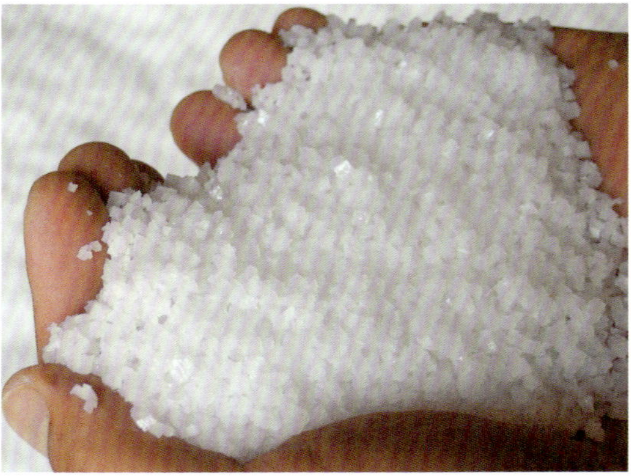

천일염 전남 신안군 '섬내음' 사진 제공

소금이 중요한 역할을 하는데 수입 소금과 국산 천일염을 사용했을 때 김치 맛에 확연히 차이가 난다. 수입 소금을 사용했을 때는 젖산 발효 과정은 천천히 진행되고 초산 발효 과정이 빨리 진행되기 때문에 김치가 익기만 하면 금세 시어지는 반면, 국산 천일염을 사용했을 경우에는 그 반대 현상이 일어나 배추가 쉽게 물러지지 않으면서 적당히 익은 김치 맛을 오랜 기간 맛볼 수 있다. 이것은 국산 소금이 염도가 낮고, 칼슘 · 마그네슘 · 칼륨 등 다양한 양이온을 함유하고 있어 연화 방지 효과에 탁월하기 때문이다.

김치는 종합 식품이기 때문에 건강에 미치는 영향도 종합적이다. 미국에서 발간되는 건강 잡지 *Health* 2006년 5월호에는 세계인의 5대 건강 식품이 실렸는데 인도인이 즐겨 먹는 두류(lentil), 일본인이 즐겨 먹는 대두(간장 · 두부 · 낫도 등), 스페인 사람들이 다량 섭취하는 올리브 기름, 그리스인을 비롯해서 세계 각 지방의 사람들이 즐겨 먹는 요구르트, 그리고 한국의 김치가 포함되었다. 이러한 흐름에 발맞추어 일본인들은 김치를 '기무치'라고 하면서 세계 시장의 판로를 선점하고자 발빠르게 종주국 행세를 하고 있다. 중국인들도 김치를 담가 한국뿐만 아니라 해외로 수출하고 있다. 김치는 이처럼 명실공히 세계인의 사랑을 받는 음식이 되었다. 이와 같은 상황에서 우리에게는 한국 가정에서 전통적으로 담가 먹는 다양한 맛의 김치를 세계인들에게 올바르 소개하는 일이 과제로 남아 있다.

Ⅲ

문화로 보는 김치

1. 지역별 김치
2. 여러 가지 김치
3. 김장

2009년 광주김치문화축제 김치마스터 콘테스트

1. 지역별 김치

한국의 기후는 함경도와 평안도 지방 같은 이북은 연평균 기온이 낮고 전라도와 경상도 지역은 연평균 기온이 이북에 비해서 높다. 이러한 자연 환경 때문에 김치도 지역에 따라서 그 맛이 다르다. 통배추김치는 지역마다 특색이 있기는 해도 거의 어느 지방에서나 다 담가 먹는다. 기온이 낮은 이북의 김치는 싱겁고 국물이 많으며 젓갈과 고춧가루 쓰는 양이 남쪽에 비해 현저히 적다.

이에 비해서 경상도나 전라도 김치는 김치 속에 젓갈을 많이 넣고 돌절구에 밥과 생고추를 함께 간 것에 고춧가루 범벅을 하여서 소금에 잘 절인 배추에 비벼 짭짤하게 담는다. 기온이 높기 때문에 젓갈의 조직이 분해되면서 생기는 유리아미노산이나 멸치와 같은 작은 생선의 뼈가 분해될 때 생기는 칼슘 · 인 · 마그네슘 같은 성분이 국물에 녹아서 김치가 더디 시도록 완충 작용을 한다. 고춧가루 역시 비타민 C와 카로틴의 함량이 높아서 김치가 시어지는 것을 지연시킨다. 그러므로 남쪽 지방으로 내려갈수록 김치 국물이 적고 젓갈 맛이 진하게 어우러진 짭짤한 김치가 일반적이다.

최근에는 교통 수단의 발달로 각 지역의 특산물이 이 지역에서 저 지역으로 빈번하게 이동됨으로써 지역적인 특색이 없어지고 김치 맛이 전국적으로 똑같아지고 있는 추세이다. 이 장에서는 각 지역의 다양한 특산물 김치를 위주로 소개하고자 한다.

함경도 김치

함경도는 우리나라의 최고 북단인 백두산과 개마고원이 위치한 험악한 산악 지대와 동해안을 끼고 있다. 지역의 대부분이 험준한 산으로 둘러싸여 논 농사가 적고 메밀이나 수수 · 조와 같은 밭 작물을 많이 재배한다. 함경도 음식은 생김새가 큼직큼직하니 시원스러우며 먹음직스럽다. 간은 짜지 않으나 함경도 사람들은 고추나 마늘 같은 양념 맛을 즐겨 왔다. 김치에는 새우젓이나 멸치젓을 약간 쓰긴 하지만 소금간을 주로 한다. 동태나 가자미 · 대구 등을 썰어서 배추 포기 사이사이에 집어넣고 익으면 꺼내 먹는다.

가두배추(양배추)를 소금물에 담가서 무는 채썰어 분홍빛이 돌 정도로만 고춧가루를 섞은 다음 파 · 마늘 · 생강 다진 것 · 새우젓을 넣고 버무려 둔다. 넙적넙적하게 썬 생태를 양념에 비벼 놓는다. 절여서 잘 씻은 배추를 양념에 버무린 후 생태와 무 석박지 썬 것을 배추 사이사이에 끼워 독에 담고 하루 저녁을 묵힌다. 양지머리를 고아 식힌 육수에 새우젓과 소금으로 심심하게 간을 한 후 분홍색이 돌 정도로 고춧가루를 섞어 김치 국물을 만든 다음 배추가 잠기도록 붓는다.

김칫독을 봉하고 보름 정도 익히면 싱싱한 배추맛이 그대로 살아 있으면서 김치 국물이 찡할 만큼 시원하다. 또한 배추 속에 들어 있던 생태도 쫄깃쫄깃해져서 밥반찬으로 김치와 함께 먹을 수 있다. 함경도에서는 겨울 동안 이 김칫국에 메밀국수를 말아가지고 뜨끈뜨끈한 방에 둘러앉아서 먹는데 그 맛이 상쾌하기 이를 데 없다.

함경도에서는 배추김치도 이렇게 담가 먹지만 얼음이 버석버석한 동치미 국물에다 기름기를 없앤 양지머리 삶은 국물을 혼합하여 시원하게 두었다가 메밀국수로 냉면을 말아 먹으면서 긴긴 겨울을 났다.

양배추김치

갓짠지

갓짠지는 갓을 시들시들하게 말렸다가 소금물에 담가 익힌 짠 김치의 일종이다. 된서리가 내리기 전에 갓을 그늘에 널어 한나절 시들시들하게 말린 다음 갓잎에 붙은 흙을 말끔히 털어서 없앤다. 맑은 물에 갓을 씻어서 광주리에 건져 물기를 뺀다.

시들시들한 갓 줄기를 함지에 담고 소금을 훌훌 뿌려서 절인다. 이튿날 절인 갓나물을 그늘진 곳에 묻은 독에다 차곡차곡 담는다. 그 때에 갈피갈피 소금을 훌훌 더 뿌린다. 갓나물이 절여지면서 소금물이 생기면 위를 짚이나 옥수수잎 같은 것으로 덮고 누름돌로 눌러 놓는다. 독 주둥이는 종이와 천으로 싸매고 뚜껑을 덮어 둔다.

먹을 때는 조금씩 꺼내서 물에 헹궈 물기를 꼭 짠 다음 썰어서 간장 · 고춧가루 · 깨소금을 뿌려서 무쳐 먹는다. 또는 물에 헹군 갓김치를 양념장에 찍어 먹기도 한다. 무짠지처럼 그대로 먹기도 하고 찬 물을 타서 물김치를 만들어 먹을 수도 있다.

콩나물김치

콩나물을 끓는 소금물에 삶아서 양념하여 익힌 김치로 시원하고 구수한 맛이 난다. 콩나물은 콩 비린내가 나지 않도록 푹 삶아야 하며 완전히 식은 다음에 양념을 한다.

통통하게 잘 자란 콩나물은 뿌리를 자르고 깨끗이 씻어서 물기를 뺀다. 생강과 마늘은 다져서 깨끗한 주머니에 넣고 동여맨다. 물 500ml에 소금 20gr을 타서 소금물이 펄펄 끓을 때에 씻어 놓은 콩나물을 넣고 콩 비린내가 나지 않을 때까지 삶는다. 삶은 콩나물을 건져서 식힌다. 그리고 콩나물 삶은 물도 식힌다. 삶은 콩나물에 채친 파와 고춧가루를 넣고 버무려서 단지에 넣고 만들어 둔 마늘과 생강 주머니를 집어 넣는다. 콩나물 삶은 물에 간을 하여 단지에 부은 다음 하룻밤이 지나서 익으면 먹는다.

평안도 김치

평안도는 지형적으로 동쪽은 산이 높고 험하며 서쪽은 해안과 맞닿아 있다. 그래서 함경도에 비해서 해산물이 풍부한 편이다. 옛부터 중국과 교류가 빈번했고 음식도 진한 양념을 피하고 식품의 고유한 맛을 즐겼다.

평양에서는 백김치가 유명한데 이 김치는 고춧가루 양념을 적게 쓰고 김치 속을 적게 넣은 다음 김치가 잠길 만큼 국물을 넉넉하게 부어서 낮은 온도에서 익히면 김치 국물 맛이 탄산음료에 비교될 정도로 시원한 것이 특색이다. 추운 겨울에 따뜻하게 불 땐 온돌방에서 웃고명이 별로 없는 김치국말이 냉면을 먹으면서 평안도 사람들은 겨울의 정취를 즐겼다.

백김치

백김치

배추를 씻어서 절인 후 물기를 빼 놓는다. 배추 절인 물에 무를 넣어서 절인 다음 무를 채썰어 놓는다. 새우젓국에 고춧가루를 넣어서 불린 후 실고추 · 미나리 · 밤 · 배 · 생강 · 마늘 · 꽃소금을 넣고 무채와 버무려서 김치속을 준비한다. 절여 놓은 배추 사이사이에 김치소를 넣고 잎으로 꼭 동여매 김칫독에 차곡차곡 담은 후 돌로 눌러 놓는다. 3일 후에 새우젓 국물 남은 것과 꽃소금을 집어 넣고 간간하게 국물을 만들어서 배추가 잠기도록 국물을 넉넉히 부어 익힌다. 기후에 따라 다르지만 10~15일 후에 먹으면 시원한 국물 맛이 일품이다.

가지짠지

어린 가지를 기름하고 매끈한 것으로 골라서 꼭지를 떼고 깨끗이 씻은 다음에 가지 중간 부위에 칼집을 넣어서 네 갈래로 가른다. 이 때 가지 끅지와 아래는 붙여 둔다. 가지를 찜통에 넣고 젓가락이 살짝 들어갈 만큼 찐 후 행주 보자기에 싸서 무거운 돌로 눌러 물기를 뺀다. 너무 눌러 놓으면 가지가 질겨지므로 알맞게 눌러야 한다.

채친 파와 다진 마늘, 고춧가루를 간장에 버무려서 양념 소를 만든다. 칼집을 내서 준비해 놓은 가지 사이사이에 양념 소를 박고 단지에 차곡차곡 담아 돌로 눌러 놓는다. 3~4시간 후에 1%의 소금물을 만들어 가지가 잠기도록 붓고 하루 이상 두면 가지김치 또는 짠지가 된다.

동치미

동치미는 평안도라고 다른 지방에 비해서 크게 다를 바가 없다. 통무에 소금물로 김칫국을 해 부어 이른봄까지 먹는 김치로 우리 민족의 고유한 김장 김치의 한 종류이다. 동치미 김칫독은 땅에 묻어서 보관해야 봄까지 싱싱한 그 맛을 즐길 수 있다.

황해도 김치

황해도는 북부 지방이 곡창 지대로 연백평야와 재령평야에서는 쌀과 잡곡이 풍부하게 생산된다. 황해도 음식의 특징은 짜지도 싱겁지도 않아서 충청도나 경기도 음식과 비슷하다. 김치에는 독특한 맛을 내는 고수와 분디산초나무의 열매를 쓴다. 고수는 미나리과에 속하며 향이 나는 풀로 중국에서는 향채라고 한다. 서울이나 다른 지방에서는 흔히 알려져 있지 않은데 황해도에서는 배추김치에는 고수를 쓰고 호박김치에는 븐디를 쓴다.

국물 김치가 맛이 시원해서 특히 동치미 국물에 냉면 국수나 찬밥을 말아서 밤참으로 먹기도 하였다. 젓갈로는 조개젓 · 황석어젓을 많이 사용하는데 황해도 김치로 냉이김치 · 호박김치 · 닭김치 · 해주조기젓국지가 유명하다. 또한 황해도 보쌈김치도 유명하다.

황해도 보쌈김치

보쌈김치

황해도 보쌈김치는 다양한 재료를 써서 담는 손님 접대용 김치이다.

재료로는 배추 · 무 · 배 · 밤과 생낙지 · 명태 · 대구 · 조기 · 생굴 · 새우젓 · 쇠고기 · 미나리 · 갓 · 파 · 마늘 · 생강 · 고춧가루 등 다양한 재료를 사용하며 이에 덧붙여 목이버섯 · 잣 · 꽃소금이 필요하다.

속이 꽉 찬 배추를 절여서 깨끗이 씻은 다음 겉잎은 떼어서 보쌈용으로 쓰고 속잎은 보쌈 속으로 준비한다. 무는 채치고 배는 가로, 세로 2cm 크기로 납작하게 썰어 놓는다. 파는 3cm 크기로 채치고 마늘 · 생강 · 목이버섯도 채친다. 미나리와 갓은 줄기만 골라서 3cm 길이로 썰어 놓는다. 산낙지는 손질하여 잘게 썰고 낙지 대신 명태나 대구를 쓸 때에는 살만 저며서 납작납작 썰어 놓는다. 준비된 낙지나 대구 · 동태 썬 것을 굴과 함께 고춧가루 · 마늘 · 생강 · 소금 등을 넣고 버무려 놓는다. 고

보쌍김치 만드는 과정

양념 썰기

양념 버무리기

보쌈 만들기-1

보쌈 만들기-2

기는 삶아서 가로, 세로 2cm 정도로 납작하게 썰어놓고 고기 국물은 체에 걸러서 받쳐 놓는다.

무채 · 갓 · 미나리 · 파 · 마늘 · 생강 · 실고추 · 고춧가루를 한데 버무린 후 여기에다 생선 저민 것과 굴 · 낙지 버무린 것을 함께 섞어 젓갈로 간을 한다.

대접에 배추 보쌈 잎을 2~3장 편 후에 배추 속잎을 5cm 정도 크기로 썰어서 보쌈 잎 위에 올려놓는다. 속잎 사이사이에다 배 · 밤 · 쇠고기를 끼워 넣고 준비된 김치소도 사이사이에 넣고 그 위에 실고추 · 목이버섯 · 잣 등을 모양 있게 얹은 다음 보쌈 잎으로 꼭 싸서 풀어지지 않게 독에다 차곡차곡 담는다. 소금을 살짝 뿌린 다음 1~2일 후에 고기 삶은 물에 젓국으로 삼삼하게 간을 한 국물을 붓는다. 10~15일 정도 익힌 다음에 먹는다.

호박김치

김장때 늙은 호박에 배추와 무청 그리고 무를 넣고 담그는 김치로 주 김장이 끝나면 남아 있는 배추 · 무청 · 무 등등의 재료를 이용하여 찌개거리 김치로 담는 것이다.

배추 줄기는 3cm 길이로 썰고 무청도 적당한 길이로 썬다. 무는 가로 세로 3~4cm 되게 납작납작 썰어 놓고 늙은 호박도 껍질을 베끼고 길이 4cm, 두께 2cm 되게 썰어 놓는다. 배추와 무 · 무청 · 호박을 채친 파와 다진 마늘 · 생강 · 고춧가루를 넣고 버무린다. 새우젓과 물과 소금으로 적당히 간을 맞춘다. 그런 후 항아리에 차곡차곡 담고 우거지로 빈틈없이 위를 덮어서 누름돌로 눌러 놓는다. 이틀 후쯤 소금물을 삼삼하게 풀어서 김치 국물을 만들어 항아리에 붓는다.

강원도 김치

강원도는 영서지방과 영동지방에서 나는 산물이 다르다. 산악 지대인 영서지방에서는 소금과 고추만을 사용하여 김치를 담근다. 특히 태백산맥의 산간 지방에서는 겨울에 갓으로 김치를 담가서 피나무로 만든 독에 저장하고 그 다음 해 봄인 음력 오월까지 먹는다.

해안 지대인 영동지방에서는 동해에서 나는 오징어 · 북어 · 명태와 같은 해산물을 김치에 많이 넣는다. 간혹 음력 유월쯤에 파도에 쓸려서 멸치가 백사장에 몰려오기도 하는데 이때 집집마다 멸치를 잡아서 젓갈을 담고 바닷물에다 배추를 절이기도 하였다.

명태아가미 깍두기(서거리)

명태아가미를 소금물에 박박 씻어서 잘 손질하여서 물기를 뺀다. 무는 깍두기처럼 썰어서 30분 정도 소금물에 절인다. 고춧가루, 파 채썬 것, 마늘 · 생강 다진 것을 절인 무, 서거리와 한데 버무려 3~4일간 익힌 다음 먹는다.

해물김치

갖은 해물로 담근 해물김치는 추운 지방에서 즐겨 먹던 김치로 강원도를 비롯해서 함경도에 이르는 동해안 지역의 별미이다. 해물김치에 들어가는 해물은 다양한데 전복 · 낙지 · 문어 · 해삼 · 멍게 등 그때그때 가능한 재료를 사용하였다. 배추는 줄기 부분만 사용하는데 배추의 줄기와 무를 가로 세로 2~3cm 정도로 썰어 놓고 무는 소금에 살짝 절인다. 전복 · 해삼 · 멍게 · 낙지를 소금물에 씻어서 무 크기로 썬다. 새우는 껍질

산촌의 생나무 김칫독 농업박물관 소장

과 내장을 제거하고 오징어는 내장을 제거하고 껍질을 벗긴 후에 칼집을 잘게 넣은 후 무 크기로 썬다. 이 모든 재료를 고춧가루 · 파 · 마늘 · 생강 · 소금과 함께 넣고 버무린 후 참기름을 치고 익힌 다음 먹는다.

무청김치

무는 몸체보다 잎의 영양가가 더 높다. 비타민 C · 칼슘 · 베타카로틴의 함량이 높기 때문에 김치를 담거나 그늘에 말려서 시래기를 만들어 먹는다. 무청시래기는 강원도뿐만 아니라 경기도 · 충청도 등지에서도 해먹는 나물 반찬의 재료인데 특히 정월 보름에 오색 나물을 준비할 때 빠지지 않는 것이 시래기나물이다.

무청을 무 밑둥이 조금 붙어 있게 잘라 다듬어서 소금물에 푹 절여 둔다. 이때에 갓도 함께 절인다. 따로 잘라 놓은 무는 채쳐서 고춧가루를 넣고 버무린다. 파는 어슷어슷하게 썰고 마늘과 생강은 다진다. 무채와 새우 다진 것과 이 양념들을 섞어서 버무린다. 무청 절인 것을 깨끗이 씻어 물기를 뺀 후 무채 양념한 것과 버무려서 항아리에 켜켜이 담고 갓도 함께 넣는다. 무청 버무린 그릇에 물을 조금 부어 남아 있는 양념을 깨끗이 헹구어서 김치 항아리에 붓고 무청과 갓을 가지고 똬리를 만들어서 무청 김치 위에 지르고 꼭 눌러 놓는다. 맛을 보아서 싱거우면 소금물을 만들어 붓기도 한다. 이렇게 한 김치를 익혀서 먹는다.

경기도 김치

경기도는 밭농사와 논농사가 골고루 발달했으며 서해안에서는 해산물이, 산간에서는 산채가 풍부하여 여러 가지 다양한 재료가 생산되는 곳이다. 경상도나 전라도 김치처럼 간이 세거나 감칠맛은 없어도 경기도와 서울 음식은 맛이 담백하며 소박하다. 경기도에는 명가 김치로 꼽히는 개성의 보쌈김치가 있다.

개성의 보쌈김치

김장 때 포기김치를 담그면서 연한 배추 잎사귀를 떼어내어 절이고 줄기는 3cm 길이로 썰어 놓는다. 굴과 가늘게 썬 낙지, 납작하게 썬 무우 · 사과 · 배 등을 섞어 속을 만든 다음 보시기에 깐 배춧잎 위에 소복하게 담고 그 위에 밤채와 대추채, 실고추와 석이버섯채, 잣 등으로 장식을 한다. 보자기처럼 배춧잎으로 꼭꼭 싸 항아리에 담고 새우젓으로 간을 한 국물을 배추가 잠기도록 찰랑찰랑 부은 다음 봉해서 익힌다. 잘 익은 김치는 한 번에 한 쌈씩 꺼내먹는다.

보쌈김치는 보기에도 화려하여 초겨울 정월 세시에 손님상에 올리고 떡국상에도 올리는데, 새해 일정 기간만 먹는 정초 김치이다. 보쌈김치가 상에 올라오면 손님이 극진하게 대접을 받았다고 생각할 만큼 고급스럽고 격조 있는 음식이다.

김포 순무김치

순무는 지중해 연안이 원산지로 겨자과에 속하고 잎과 뿌리를 먹을 수 있으며 육질이 탄력성이 있고 단단하다. 순무는 무와 배추 고갱이의 맛을 함께 느낄 수 있는 식품으로 가을 김장철에 담가 먹는다.

순무를 깨끗이 다듬어 소금에 2~3시간 절인다. 쪽파를 준비해서 반으로 자르고 풋고추는 미리 소금에 절여 놓는다. 순무가 절여졌으면 물기를 빼고 풋고추 절인 것과 쪽파 썬 것, 파 채친 것, 고춧가루 · 소금으로 간을 하여 모든 재료를 섞어서 항아리에 차곡차곡 담고 익으면 먹는다.

강화 순무밴댕이김치

가을 김장철에 담근다. 순무를 깨끗이 씻어서 적당한 크기로 잘라 소금에 절인다. 마늘을 곱게 다지고 쪽파는 3cm 길이로 썰어 마늘 다진 것과 밴댕이젓 1~2컵을 준비해서 고춧가루와 기타 모든 재료를 양푼에 담고 골고루 버무려서 항아리에 담는다. 그리고 김치 국물을 심심하게 부어서 15~20일간 익힌 후에 먹는다.

순무는 배추와 함께 버무려서 석박지로 담기도 하고, 순무 보쌈김치로 멋을 내보기도 한다.

통배추김치

무채에 갖은 양념을 섞어 새우젓과 조기젓으로 간을 한 후 조기젓 살을 납작납작 썰어서 절여서 씻어 놓은 배추 잎 사이에 속과 함께 넣는다. 굴과 잘게 썬 낙지를 고춧가루를 많이 쓰지 않고 버무려 배추 잎사귀 사이사이에 집어넣고 김장독에 담은 후 고춧가루를 풀고 새우젓과 소금으로 심심하게 간을 한 국물을 배추가 잠기도록 부은 다음 봉해서 익힌다.

경기도 포기김치는 고춧가루가 적당히 들어간 국물을 넉넉하게 부어 익히는 것이 특징인데 김치를 그릇에 담을 때도 김치가 잠기도록 국물을 붓는다. 한국 김치 하면 맵고 짠 것을 연상하지만 경기도 김치는 간이 순하고 국물이 많아서 잘 익으면 슴슴하고 시원한 맛이 일품이다.

서울 김치

서울의 통배추김치는 경기도 포기김치나 크게 다를 바 없이 조기젓과 새우젓으로 간하여 담백한 맛을 낸다. 특색있는 김치로는 화려하면서도 간결한 색조화를 이루고 있는 보쌈김치 · 비늘김치 · 장김치 등이 있다.

서울 김치는 양지머리 곤 물을 한지로 바쳐서 소금간을 하여 김치 국물로 이용하거나 김치소를 버무릴 때도 사용한다. 또 큰 조기젓 살을 포를 떠서 배추 포기 사이에 넣고 조기 대가리와 남은 부분은 달여서 체로 밭여 그 국물로 김치 국물을 만들기도 한다.

비늘김치

비늘김치

서울 지방과 궁중에서 먹던 김치인데 무를 사용하여 비늘김치를 담기도 하고 오이를 사용하기도 한다.

무는 몸매가 예쁜 것으로 골라서 깨끗이 씻어 반을 가르고 비늘 모양으로 어슷어슷하게 칼집을 낸다. 이 무를 소금물에 담가서 절인다. 오이는 소금으로 문질러서 깨끗이 씻은 다음 물기를 빼고 반으로 가른다. 무 1개를 채썰어서 고춧가루와 젓갈로 버무려서 무소를 장만한다. 장만한 무소에 마늘과 생강 다진 것, 실파와 미나리 · 갓을 넣고 버무린다. 칼집을 낸 무와 오이 사이사이에 이 소를 박고 절여 놓은 배추잎으로 싼다. 항아리에 차곡차곡 담고 익혀서 먹는다.

장김치

배추 줄기를 가로 세로 2~3cm로 썰고 무와 배도 배추 줄기와 같은 크기로 썬다. 파는 3cm 길이로 썰고 미나리도 같은 길이로 썬다. 밤 · 대추 · 마늘 · 생강도 채썰어 놓는다. 깨끗한 행주에 고춧가루를 싸서 분홍빛이 돌 정도로 고추 물을 내린 후 조선간장으로 간을 한다. 앞의 재료들을 한데 섞고 거기에 이 물을 붓는다. 맛을 보아서 소금을 약간 칠 수도 있다. 항아리에 넣고 다 익으면 예쁜 유리 그릇에 담아서 주안상이나 정월 떡국상에 올린다.

나박김치

나박김치의 역사는 대단히 오래되어서 삼국시대부터 문헌에 나타나고 있다. 음력 정월 무렵 절정에 이르렀던 김장 김치가 맛이 없어지면서 식구들이 그 맛에 물리게 될 때에 입맛을 돋우기 위해 담가 먹는 김치이다. 움막에 묻어 두었던 배추와 무를 꺼내서 납작납작 썰고 배도 납작하게 썰어서 미나리와 움파와 마늘 채친 것, 생강 채친 것을 섞어서 실고추와 고춧가루 약간을 넣고 버무린다. 국물을 부은 후 2~3일 있다가 먹으면 봄을 재촉하는 듯한 나박김치의 얕은 맛이 잃어버린 입맛을 산뜻하게 바꾸어 준다.

오이소박이

봄에 담가 먹는 김치이다. 억세지기 전 여린 오이를 따다가 10cm 길이로 토막을 내서 십자로 칼집을 내는데 밑동은 그대로 둔다. 소금을 뿌려 절여서 물기가 빠지고 간이 적당히 들면 다진 부추에 새우젓, 깨소금, 설탕 약간, 고춧가루를 넣고 버무려 속을 만든다. 칼집 낸 오이를 벌려 속

나박김치 박낙희 사진

을 채워서 항아리에 눌러 담는다. 즉석에서 바로 먹기도 하고 익혀서 먹기도 한다. 상큼한 오이 향이 잃었던 입맛을 되살아나게 한다.

충청도 김치

충청도는 농업이 발달하여 쌀 · 보리 · 고구마와 같은 농작물이 풍부하며 무 · 배추 · 열무 같은 야채와 목화 · 모시가 많이 생산된다. 충남 해안에서는 해산물이 풍부하며 충북 내륙에서는 질 좋은 산채와 버섯 생산이 많다. 충청도 음식은 양념을 많이 쓰지 않고 소박한데 젓갈로는 새우젓과 황석어젓을 많이 사용한다. 충청도에서는 김치를 흔히 짠지라고 하는데 겨울에는 배추짠지 여름에는 무짠지를 주로 담는다.

특색있는 김치로는 겨울의 통배추 김장김치와 깍두기가 있고 여름에는 열무김치 · 무짠지 · 오이지 · 시금치김치 · 돌나물김치, 서해안의 게꾹지김치가 있다.

열무김치

충청도 사람들은 한여름에 주로 콩밭 사이에 심어 놓은 열무를 뜯어다가 물김치를 담가 먹는다. 열무는 소금에 절이고 파 · 마늘 · 생강 다진 것과 고춧가루 혹은 풋고추 붉은 것을 따다가 돌절구에 갈아서 버무린다. 여기에 밀가루로 풀국을 쑤어서 소금으로 간을 하고 고춧가루 약간을 넣어서 국물을 만들어 붓는다. 열무에 포함되어 있는 디아스타제가 풀 전분을 분해시켜서 맥아당이나 포도당으로 변하면 김치 국물에 감미가 생겨나면서 맛이 아주 좋아진다. 시퍼렇게 약이 오른 풋고추나 오이를 따다가 썰어 넣기도 한다. 이렇게 담근 열무김치를 보리밥에 쓱쓱 비벼먹는 맛은 한국 사람이면 누구나 좋아하는 여름철 별미이다.

동치미와 짠지

경기도와 충청도에서는 가을에 무청이 달린 무를 다듬어서 동치미를 담근다. 삭힌 고추까지 집어넣고 담근 동치미를 시퍼런 무청과 함께 먹으면 그 맛이 가히 일품이다. 동치미는 겨울에 먹는 물김치이므로 간이 짠지에 비해서 싱거워야 한다.

짠지는 김장때에 소금에 짜게 절여서 만드는데 이 무를 여름에 꺼내 먹는다. 여름철 입맛이 없을 때 노랗게 익은 짠지를 가로 세로 2cm 정도 썰어서 냉수에 담가 짠물을 좀 우려낸 후 초 한 방울을 떨어트리고 실파를 송송 썰어서 띄워 먹는다. 한여름의 무더위를 이기는 방법으로 모시

적삼 입고 대청에 앉아서 냉수에 밥을 말아 짠지와 굴비를 뜯어서 고추장 볶은 것에 찍어 먹으면 나왔던 땀이 저절로 들어가는 여름철 점심 밥상이다.

초록무 동치미

오이지

봄철이 지나 초여름에 접어들면 나오기 시작하는 오이를 사다가 항아리에 담고 소금물을 끓여 붓는다. 누름돌로 눌러서 항아리 뚜껑을 덮고 2~3주가 지나면 오이가 누렇게 절여진다. 형태가 오그라든 오이는 세로로 쪼개질 만큼 부드러워져 있다. 오이지는 여름 반찬인데, 기름하게 썰든지 아니면 얇게 동글동글 채썰어서 물에 담가 소금기를 우려내고 맑은 물을 부어서 상에 올린다. 먹다 남은 오이지는 고추장이나 된장에 박아서 장아찌로도 먹는다. 무짠지도 된장에 박아서 장아찌를 만들어 먹는다.

깍두기

충청도식 깍두기는 특히 맛이 있다. 가을에 김장할 때에 무를 들여다가 깨끗이 씻어 가로 세로 약 1.5cm 되게 썰어서 파 · 마늘 · 생강 다진 것, 고춧가루 · 새우젓을 넣고 버무려서 독에 넣고 꼭 봉한다. 15~20일이 지나면 깍두기가 익으면서 국물이 생기는데 이때 깍두기 국물이 아주 달착지근하다. 이 국물은 흰쌀밥과 맛이 잘 어울리는데, 추운 겨울날 쇠고기 내장으로 끓인 곰국에 잘 익은 깍두기를 얹어 먹으면 건강도 챙기

깍두기

총각김치

고 추위도 이기는 데에 일등공신 역할을 한다

총각김치

총각무는 잔털을 떼고 무청 달린 부분의 껍질을 도려내어 깨끗이 씻고 소쿠리에 건져 물기를 뺀 다음 소금을 골고루 뿌려 둔다. 실파는 다듬어서 무를 절이는 도중에 함께 넣어서 잠시 절인다. 마늘과 생강은 곱게 다져 놓는다. 찹쌀가루로 풀을 쑤어서 소금으로 간을 한 후 식혀 둔다. 큰 그릇에 먼저 고춧가루와 찹쌀 풀을 넣고 잘 저어서 고추 물을 들인 다음 파 · 마늘 · 생강을 집어넣고 걸쭉한 양념을 만든다. 양념에 총각무 절인 것을 골고루 비빈 다음 항아리에 차곡차곡 담아서 꼭꼭 눌러 익힌다. 입맛에 따라서 새우젓 젓국을 쓰는 경우도 있다.

봄동 겉절이

김장 김치가 떨어질 때쯤 이른봄 밭에서 추운 겨울을 난 봄동을 도려다가 파 · 마늘 다진 것과 생강 다진 것, 기호에 따라서는 새우젓을 넣고 고춧가루에 버무린 후 깨소금을 뿌려 바로 먹는 김치이다.

겨우내 김장 김치만 먹다가 봄동 겉절이를 먹으면 상쾌한 맛이 봄을 느끼게 해준다. 그러나 오래 두고 먹지는 못하고 입맛을 돋구기는 하지만 깊은 맛은 역시 김장 김치에 있다.

게꾹지김치

충청도 서산 부근에서는 바닷가에 기어다니는 작은 게를 봄에 잡아다가 간장을 부어 게장을 담근 후 가을에 이 국물에다가 김치 담고 남은 찌꺼기 배추, 늙은 호박을 쭉쭉 썰어서 김치 속으로 함께 버무려 두었다가 겨울에 끓여 먹는다. 게장의 맛이 어우러진 독특한 김치로 바닷가 사람들이 즐겨 먹는다.

전라도 김치

전라도는 농산물과 해산물, 산채가 풍부하여 다른 어느 지역보다 음식 종류가 다양하며 모양도 화려하다. 전주를 비롯해서 전라도 곳곳에서는 부유한 양반가의 전통이 대를 이어 내려오고 있으며 음식도 가풍으로 전수되고 있다. 전라도 음식은 대체로 간이 맵고 짜며 감칠맛이 나는 것이 특징이다.

통김치

전라도 김치는 고춧가루 대신에 고추를 물에 불려서 밥과 함께 돌절구에 갈아 서로 혼합해서 쓰는 것이 특징이다. 여기에 멸치젓을 끓여서 체에 받쳐 내린 젓국물을 넣고 파 · 마늘 · 생강 다진 것을 넣어 김치 양념을 준비한다. 절여서 씻어 놓은 배추를 이 양념 속에 넣고 배추에 붉은 물이 밸 때까지 치댄다. 배추에 양념 물이 다 배면 항아리에 차곡차곡 담는다. 납작납작하게 썰어 놓은 무를 속 남은 것과 적당히 버무려 배추김치를 독에 집어넣을 때에 무 한 켜 깔고 배추 한 켜 깔고 하는 식으로 차곡차곡 담는다. 그릇에 묻은 남은 양념을 물로 부신 후에 김칫독에 붙는다. 돌로 눌러 배추가 국물 위로 올라오지 않게 한 다음에 우거지를 덮고 봉해서 서늘한 김치광에서 익힌다.

통김치

돌산갓김치

전라남도의 돌산갓김치는 현재 상품화가 잘 되어 있는 편이다. 갓김치도 멸치젓국에 비벼 담는 전라도 배추김치와 같은 방법으로 담는다.

갓은 다듬어서 씻은 후 소금에 절인다. 절여진 갓을 건져서 물기를 뺀다. 이때 쪽파와 갓을 같이 담글 수도 있다. 멸치젓을 끓여서 체에 내린 국물에다가 마늘과 생강 다진 것을 넣고 고추와 밥을 절구에 간 것을 섞어 양념을 만든 후에 절여 놓은 갓이나 쪽파를 한웅큼씩 양념에 비벼서 배추김치 담는 방법으로 항아리에 넣어 익혀 먹는다. 갓김치와 함께 버무려 넣은 파김치를 더 즐겨 먹기도 한다.

갓김치 담을 때는 고춧가루를 쓰기도 하는데 이때는 찹쌀로 풀을 쑨 것과 들깨 간 것을 섞어서 걸죽하게 만든 다음 간을 해서 김치 국물로 붓는다.

통배추김치 담그는 과정

배추절이기

절여서 씻은 배추

김치속

속버무리기

으 양념

고춧가루 양념 만들기

추 속 넣기

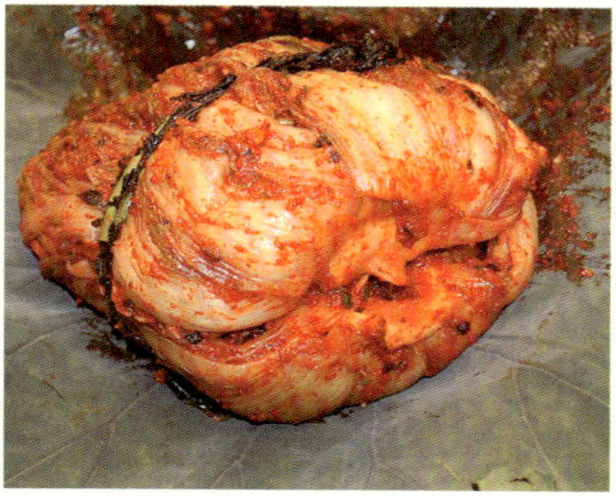

통김치

고들빼기김치

고들빼기는 칼 끝으로 뿌리를 다듬어 씻은 후에 소금물에 3~5시간 절여 둔다. 절여진 고들빼기를 3일 동안 아침 저녁 물을 갈아 주면서 쓴맛을 우려낸다. 파는 깨끗이 손질해서 소금 간을 하지 않고 그대로 둔다.

고들빼기 김치

찹쌀풀

멸치젓 · 마늘 · 생강 · 붉은고추 · 식은밥을 한데 섞어서 절구나 분마기에 넣고 간다. 준비된 재료를 모두 섞어서 버무린 후에 항아리에 차곡차곡 담는다.

경상도 김치

남쪽에 위치한 경상도는 기후가 따뜻해서 겨울 동안 김치를 저장하기 위해 소금과 젓갈 그리고 고춧가루를 많이 사용하기 때문에 경상도 김치는 대체로 짜고 맵고 국물이 적은 편이다.

경상도 내륙의 평야 지방에서는 부추김치 · 파김치 · 우엉김치 · 콩잎김치가 특색이 있고 해안가인 거제도 지방에서는 곤달비김치 · 고구마김치가 유명하다. 산간 지방에는 고냉지 채소나 산채류 등이 풍부하여 씀바귀김치 · 느타리김치 · 곰취김치 · 취나물김치 등이 있다. 경상도에서는 젓갈로 갈치내장 · 멸치젓 · 새우젓 등을 흔히 쓴다.

고냉지 봄동김치

봄동을 다듬어서 풋내가 나지 않도록 조심스럽게 씻어서 소금을 뿌려 살짝 절인 다음에 찬물에 담갔다가 건져 놓는다. 미나리와 실파는 다듬어서 길쭉하게 썰고 마늘과 생강은 곱게 다져서 준비한다. 생굴은 엷은 소금물에 씻어서 멸치젓으로 양념을 해놓는다. 고춧가루에 마늘 · 생강 · 멸치젓을 넣어 소를 만든 후 봄동과 미나리 · 실파 썬 것을 버무리고 맨 마지막에 굴 양념한 것을 넣어서 먹는다.

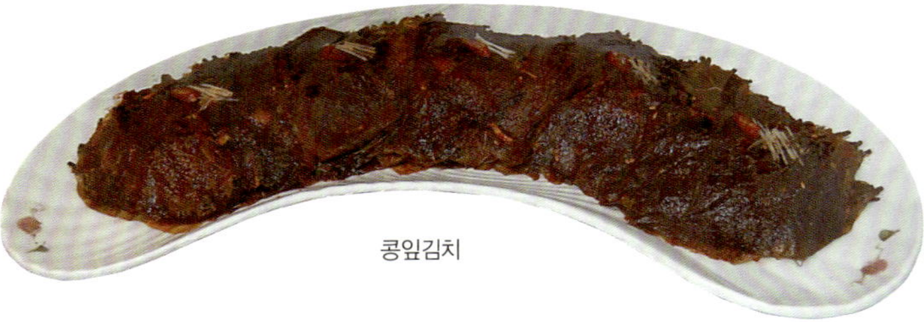

콩잎김치

쪽파김치

부추와 파김치

멸치젓을 달여서 체에 받쳐 식힌 젓국에 마늘 · 생강 다진 것을 넣고 양념을 만든다. 씻어서 물기를 뺀 부추나 파를 한웅큼씩 집어 양념에 무친 다음 취향에 따라 실고추를 뿌린다. 항아리에 차곡차곡 넣은 다음 맨 마지막에 남은 양념을 붓고 꼭 눌러서 뚜껑을 덮어 두었다가 익혀 먹는다.

콩잎 물김치

콩잎은 연한 것으로 깨끗이 씻어서 물기를 뺀다. 소금간을 간간하게 한 물을 끓여서 식힌 다음 청홍 고추 다진 것과 마늘 다진 것을 넣고 이 물에다가 콩잎을 담가 항아리에 보관한다. 일주일 정도 지나 콩잎이 누렇게 익으면 몇 장씩 꺼내서 먹는다.

콩잎 장아찌김치

콩잎을 소금물에 2~3일간 삭힌다. 이것을 건져서 물에 살짝 헹군 뒤 5장씩 포개 둔다. 멸치젓국에 고춧가루, 파 · 마늘 · 생강 다진 것을 섞어 양념을 준비하고 이 양념물에 콩잎 삭힌 것을 적신 후 작은 항아리에 꼭꼭 눌러 담는다. 1주일 정도 지나 멸치젓이 배고 삭은 향이 나면 꺼내서 밥 위에 얹어 먹는다. 경상도 사람들의 토속적인 향토 음식이다.

갈치속젓김치

갈치속젓김치는 갈치 내장으로 담근 젓갈로 양념을 한 김치인데, 갈치속젓 특유의 감칠맛이 있다. 특유의 색깔 때문에 처음에는 먹기를 꺼리다가도 한번 먹어 보면 그 감칠맛 때문에 자꾸 손이 가는 김치이다. 갈치는 오메가 3 지방산이 풍부한 생선으로 비린맛이 강하기 때문에 고춧가루와 마늘을 많이 넣어 냄새를 없앤다.

제주도 김치

제주도에서는 전통적으로 배추를 바닷물에 절이고 바닷물로 씻는다. 절여서 씻어 놓은 배추를 멸치젓 · 마늘 · 생강 · 고춧가루 · 참깨 가루 등을 넣고 버무려서 담근다. 제주도는 기온이 높아 채소가 사시사철 풍부하여 다른 지역보다 다양한 채소류로 김치를 담가 먹는다. 특히 늦가을이나 초봄에 먹는 동지나물김치, 봄에 먹는 유채김치 · 꿩달래김치 등은 제주도 토산품을 주재료로 한 것이다.

동지나물김치

동지나물은 그대로 절이고 풋마늘도 통째로 절인다. 보리쌀 삶은 물에 고춧가루를 풀고 멸치젓, 마늘 · 생강 다진 것, 파 썬 것을 넣고 마지막에 깨를 뿌려 버무려서 적당한 길이로 썰어 먹는다.

청각김치

다른 청각과 배추와 무를 섞어 갖은 양념으로 버무려 두었다가 먹는 김치이다. 배추는 반으로 갈라 소금에 절여 씻은 다음 물기를 빼놓고 마른 청각도 물에 불렸다가 씻은 후 물기를 뺀다. 파와 무는 깨끗이 손질하여서 모두 채썰어 놓고 고춧가루에 배즙, 양파즙, 멸치젓, 생강과 마늘 다진 것을 섞어 양념을 만든다. 여기에다 무와 파 채썬 것, 청각을 함께 넣고 버무려서 만든 김치속을 배추잎 사이사이에 집어넣고 항아리에 차곡차곡 담아 꼭 봉해서 서늘한 광에 두었다가 15~20일 후에 먹는다.

2. 여러 가지 김치

더덕백김치

인삼김치

래디쉬김치

고수김치

죽순김치

맨드라미김치

참나물김치

양파김치

가오리김치

박김치

양배추 보쌈김치

오징어김치

3. 김장

김장은 매년 한국 주부들이 가정에서 치루는 겨울나기 행사이다. 언제부터 김장을 했는지에 관해 역사적으로 기록한 문헌은 밝혀져 있지 않다. 그러나 속리산 법주사 경내에 있는 석함(石函)이 김칫독이었을 것이라고 추정되는 것을 미루어 보면 김장은 이미 삼국시대부터 내려온 행사로 사찰에서 겨울을 대비해 대중들이 먹을 김치를 대량 장만하던 풍습이 일반 가정으로까지 확대된 것으로 추측하고 있다.

한국의 기후는 사계절로 나뉘어 겨울은 대개 11월 말부터 2월 말까지로 일반적으로 평균 기온이 가장 낮다. 이 기간을 대비해서 우리 조상들은 한겨울 동안 야채를 저장할 수 있는 방법을 강구하지 않으면 안 되었다. 추위가 닥치기 전에 건조시킬 수 있는 채소는 건조시키고, 된장이나 고추장 항아리에 장아찌를 박거나 신선하게 저장해야 할 채소들은 땅속에 파묻어 두고 겨울철 내내 꺼내 먹었다.

한국의 김장 문화

1970년대까지만 해도 식단이 다양하지 않았기 때문에 한국인들은 김치와 밥으로 거의 매끼 식사를 하였다. 그래서 겨울이 닥치기 전에 5인

가족 기준으로 집집마다 100~150포기의 김장을 하였다. 김장은 대개 음력 10월 입동 전에 시작하는데, 서울 이북에서는 10월 말이면 거의 끝나고, 중부 지역에서는 11월 초순부터 김장 시장이 열려 이때부터 김장을 하기 시작한다. 경상도나 전라도 같은 남쪽에서는 11월 하순에서 12월 초순에 김장을 한다.

김장철이 되면 집집마다 대량의 김치를 담가야 하기 때문에 동네 사람들이 서로 품앗이로 도와줄 수밖에 없었다. 이러한 김장철의 품앗이는 동네 사람들이 서로 친해지고 가까워지는 계기가 되어 단합을 이루는 데 큰 몫을 하였다. 또 한 동네의 김치 맛이 비슷해지는 원인이 되어서 향토 김치가 발달하는 계기가 되었다고 본다. 이처럼 김장은 동네 행사로 치루어졌기 때문에 때로는 떡을 찌고 돼지를 잡아 갓 버무린 배추김치에 삶은 돼지고기를 싸서 농주와 함께 먹으면서 한 해의 회포를 풀기도 하였다.

속리산 법주사
돌항아리

한국의 주부들은 초겨울이 되면 만나서 김장 담궜냐는 인사부터 먼저 한다. 김장이 끝난 주부는 할 일을 다 한 듯 홀가분하지만 김장을 아직 하지 못한 주부는 숙제 안 한 아이처럼 마음이 무겁다. 겨울 기온이 평년보다 높으면 한국 주부들은 또 김치가 시어질까 봐 걱정을 한다. 이처럼 한국의 주부들에게 김장은 한 해의 살림을 마무리하는 큰 행사로서 그 맛에 대해서도 예민하게 반응하는데 김치가 맛있으면 겨울 내내 다른 반찬 걱정을 하지 않아도 되기 때문이다. 그래서 처음 김칫독을 열었을 때 김치맛이 좋으면 집안일이 덩달아 잘 될 것처럼 기뻐한다.

김치는 온도에 민감하기 때문에 김치 맛이 최상으로 유지되는 기간은 15일에서 한 달 정도이다. 물론 그해 겨울의 기온에 따라 달라질 수는 있지만 이 기간이 지나면 김치는 신선도가 줄어들면서 차차 그 맛이 변한다. 이럴 때 식구들의 입맛을 돋구어 주기 위해 주부들은 땅 속에 묻어두었던 배추와 무를 꺼내 나박김치를 담궈 식탁에 올린다. 또는 김치전이나 김치만두와 같은 다양한 별식을 만들어서 식구들이 입맛을 잃지 않도록 애쓴다.

최근에는 장기간 김치를 보관해도 맛이 변하지 않고 그대로인 김치냉장고가 인기를 끌고 있다. 이 냉장고의 내부 온도는 겨울철 땅속 온도인 0~3도를 유지하고 있는데, 겨울철 땅속에 묻어두고 먹는 김치맛이 한결같이 좋은 이유가 변함이 없는 그 온도에 있다고 한다.

예전에는 김장철이 다가오면 재래 시장과 동네 공터에 임시로 김장 시장이 섰다. 배추와 무를 산더미처럼 쌓아 놓고 사고파는 사람들로 북적대는 김장 시장은 한국의 전형적인 늦가을 풍경이었다. 그러나 최근에는 김장 시장의 규모가 이전에 비해 훨씬 줄어들었고 그 열기도 전과 같지 않다. 핵가족화와 아파트라는 주거 공간, 그리고 여성들의 사회 진출

이 본격화되면서 김치 담그는 일이 가정을 벗어나 공장에서 생산되는 상품으로 자리잡았기 때문이다. 특히 채소 재배 기술의 발달로 겨울에도 채소가 충분히 공급되므로 과거처럼 저장 채소의 필요성이 줄어든 것도 큰 원인 중의 하나이다.

1960년대 김장시장

이와 더불어 최근에는 인스턴트 식품의 범람으로 쌀 소비량이 줄어들면서 김치 섭취량까지 감소하는 경향이 심화되고 있다. 1960년대에는 5인 가족으로 배추 100포기를 하던 김장이 1980년대에는 50포기 미만으로 감소하다가 2000년대에 들어서는 배추 10포기 미만으로 줄어들고, 시장에서 파는 김치를 사다 먹는 주부층도 증가하고 있다. 이처럼 김치 섭취량이 감소하면서 비만을 위시하여 성인병 발병률이 증가하고 있는데 더 심각한 문제는 그 연령이 점차 낮아진다는 사실이다. 깨끗하게 포장되어 백화점이나 슈퍼마켓에 진열되어 있는 김장 재료들을 볼 때마다 사람 냄새가 사라져 가는 김장 시장의 변모를 보면서 세월의 무상함과 쓸쓸함을 느끼게 된다.

김장하기

용인민속촌에서 윤서석 · 이효지 · 안명수 실연

절인 배추 씻기

양념 준비

배추 속 버무리기

항아리에 담기

김치움

Ⅳ
요리로 보는 김치

1. 일상 식탁에서의 김치

2. 세계의 절임 식품

1. 일상 식탁에서의 김치

김칫국

밥을 국에 말아서 먹는 식습관은 한국인의 식탁에서만 볼 수 있다. 대부분의 나라에서는 주식을 먹기 전에 국을 먹거나 아니면 중국인의 경우 식사를 마감할 때 먹는데 한국인만 국에다 밥을 말아 먹는 독특한 식습관을 가지고 있다. 전통적인 한국 가정에서는 국이 없으면 밥을 퍼낸 솥에다가 물을 부어서 숭늉을 만들어 밥을 말아 먹기도 한다. 그 숭늉에 밥을 한술 말아 짭짤하고 칼칼한 반찬으로 식사를 마감하면서 할머니는 이렇게 먹으면 오래 산다고 손자손녀들에게도 권하시곤 했다.

김칫국은 한국인들이 즐겨 먹는 국이다. 먹다 남은 김치를 물에 씻어 양념을 털어 버리고 잘게 썬 다음 멸치 국물을 넣고 끓이다가 여기에 두부나 콩나물을 곁들인다. 된장과 고추장을 적당히 풀어서 끓이면 김치 토장국이 된다. 쇠고기를 우려낸 국물에다 김치를 썰어 넣고 끓일 수도 있다. 김칫국은 손님상에 올리는 음식은 아니고 식구들끼리 먹을 때에 손쉽게 끓여 먹는 국이다.

그러나 최근 한국인의 식탁에서는 김칫국이 서서히 사라지고 있다. 김치를 사서 먹는 주부들이 많아져서 김칫국을 끓여 먹을 만큼 여유가 없

김치찌개 이춘자 사진

기 때문인데, 그래서 김치로 국을 끓여 먹는다는 것은 요즘 젊은이들에게는 쉽게 접할 수 없는 일이 되어 버렸다.

김치찌개

국과 찌개가 없으면 밥을 먹을 수 없는 한국인의 식탁에 가장 자주 오르는 메뉴 중 하나가 김치찌개이다. 찌개는 손님 대접이나 정식 식사에는 포함되지 않고 식구들끼리 먹을 때에 상에 오르는 반찬이다.

김치찌개에는 정해진 레시피가 없다. 상에서 먹다 남은 김치나 식탁에 올릴 수 없는 흐트러진 김치를 이용하여 돼지고기 · 두부 · 호박 · 양파 · 멸칫가루 등을 넣고 끓이다가 된장이나 고추장으로 간을 한 후 밥과 같이 먹는데 한국인이라면 누구나 다 좋아한다. 김치찌개는 대개 옹기로 만든 뚝배기에다 끓였는데 할머니가 화롯불에 김치 뚝배기를 얹어 놓고 식구들을 기다리던 모습은 지금은 볼 수 없는 기억 속 풍경이다. 어느 나라에서나 식사 후에 먹고 남은 음식 때문에 골치를 앓는데 김치찌개는 이런 면에서 보면 먹다 남은 음식을 편리하고 위생적으로 처리할 수 있는 메뉴라고 할 수 있다.

찐 김치

돼지고기나 멸치를 집어넣고 푹 익혀서 먹는 찐 김치는 아무리 먹어도 질리지 않는 음식 중의 하나다. 해먹을 음식이 마땅치 않았던 겨울철 대부분의 가정에서는 먹다 남은 김장 김치나 맛이 변하기 시작한 김치를 돼지고기나 멸치를 넣고 끓여서 먹었는데 이보다 더 빈번하게 상에 올라오는 반찬이 없을 정도로 즐겨먹는 메뉴이다.

요즘에는 김치에 참치 통조림을 넣어서 찐 김치를 만들어 먹는데 돼지고기보다는 값이 저렴하고 사용하기 간편하다.

김치에서 가장 부족한 영양소는 단백질이다. 그러나 찐 김치에 첨가되는 돼지고기 · 멸치 · 참치는 모두 질 좋은 단백질 식품으로 김치에 부족한 영양소를 보충해 주기 때문에 찐 김치 한 가지면 우리 몸에 필요한 영양소를 대부분 섭취할 수 있기 때문에 거의 완전식품이라고 할 수 있다. 더구나 불포화지방산의 공급과 혈전 방지와 동맥경화 방지에 효과가 있다고 알려진 참치에는 DHA 함량이 풍부해서 참치가 들어간 찐 김치는 돼지고기로 만든 것보다 영양학적으로 더 좋다.

김치찜

김치찜

김치를 찜으로 조리해서 먹는 습관이 요즈음 한국인의 식탁에 자주 등장한다. 김치포기에서 김치잎 한 줄기를 길게 떼어내어 돼지갈비에 돌돌 말아서 냄비에 차곡차곡 넣고 김치 국물과 함께 서서히 끓이면 맛이 칼칼한 김치찜이 된다. 굳이 돼지갈비가 아니더라도 돼지고기를 두둑하게 썰어서 같은 방법으로 끓여도 된다. 꽁치나 고등어를 밑에 깔고 그 위에 김치를 길게 찢어서 얹고 서서히 끓인 생선 김치찜도 별미 반찬이다.

꽁치나 고등어를 양념한 위에다 김치가 아니라 삶은 우거지를 얹고 끓여도 맛이 있다. 집에서 설이나 생일상을 차리고 난 뒤에 먹다 남은 갈비찜이나 전유어 등을 흐트러진 김치와 함께 부글부글 끓여 놓으면 맛있는 일품 요리가 된다. 과거에는 한정식에 김치찜이나 우거지 반찬은 오르지도 않았는데 최근에는 귀한 반찬으로 상에 오르고 더 놀라운 것은 너비아니나 갈비찜보다도 먼저 김치찜이나 우거지찜으로 젓가락이 가는 것을 보면 한국인에게는 분명히 김치를 좋아하는 유전자가 들어 있구나 하는 생각이 들 정도이다. 김치찜은 전통적으로 내려온 음식이라기보다는 최근에 새로 고안된 음식이라고 할 수 있다.

김치밥

아시아인들의 주식은 쌀이다. 한국과 일본에서는 쌀밥을 일상적으로 먹지만 중국과 동남아에서는 밥에 채소나 육류 · 어패류 등을 넣고 볶아서 먹는다. 중동에서도 밥을 먹는데 흰밥보다는 다른 재료를 섞은 밥이 주가 되며 이집트에서는 물 대신 우유를 넣고 밥을 짓기도 한다.

한국인들의 주식은 쌀밥이지만 기호에 따라 또는 건강에 좋다고 보리 · 조 · 콩 등을 섞어 잡곡밥을 해먹기도 한다. 가끔은 콩나물 · 무 같은 채소나 굴 등 해산물을 넣고 밥을 지어 흰밥의 단조로운 맛에 변화를 준다. 이런 밥들은 채소나 해물 같은 다른 재료가 들어가 있으므로 별도의 반찬이 없어도 양념장과 김치만 있으면 맛있게 먹을 수 있다.

김치밥은 김치 외에 다른 반찬이 없거나 흰밥에 싫증났을 때 식구끼리 별식으로 만들어 먹는 음식이다. 잘 익은 배추김치와 돼지고기를 잘게 썰어 참기름에 볶다가 쌀과 섞어 밥을 지으면 김치밥이 된다. 언제라도 해 먹을 수 있지만 겨울철 잘 익은 김장 김치로 만들면 맛이 더 각별하다. 먹다 남은 찬밥을 처리하고 싶으면 잘게 썬 김치를 참기름에 볶다가

김치콩나물밥 박낙희 사진

반쯤 익었을 때 찬밥을 넣고 같이 볶아 김치볶음밥을 해먹는다.

가족끼리 둘러앉아 김이 모락모락 나는 김치밥을 그릇에 넉넉히 퍼 담고 양념장에 비벼 얼음이 둥둥 뜬 동치미국물을 떠먹어 가며 먹는 김치밥. 김치밥 속에는 한국 가정의 소박한 정서와 훈훈한 정이 오롯이 담겨 있다.

김치 만두

만두는 밥을 대신하는 별식으로서 대개 점심으로 먹거나 떡국과 함께 설날 명절 음식으로 만들어 먹는다. 요즈음은 시중에 만두피가 나와 있어서 만두 빚기가 한결 수월해졌지만 과거에는 손수 밀가루 반죽을 밀어서 만두피를 만들어야 했으므로 정성이 많이 갔고 그래서 자주 만들어 먹을 수 없었다. 그래서 오랜만에 밥 대신 만두를 하면 식구들이 특히 별식이라고 반기던 음식이다. 온 가족이 모여앉아 만두를 빚으면서 이야기꽃을 피우거나 아이들이 장난스럽게 만들어 놓은 만두 모양을 보면서 웃고 떠들던 정경도 만두를 먹는 즐거움 중의 하나이다.

한국의 만두에는 돼지고기 외에 숙주나물 · 두부 · 당면 등과 함께 김치가 꼭 들어간다. 김치는 돼지고기의 노린내와 비린 맛을 없애 주기 때문에 만두속이 느끼하지 않고 개운하다. 만두를 빚는 방식은 지방에 따라 다른데 북부 지방인 평안도나 함경도에서는 어른 주먹만하게 큼직하게 빚고 서울을 비롯한 중부 지방에서는 작게 빚는다.

김치산적 · 김치누름적 · 김치전

김치산적과 김치누름적은 주로 손님 접대나 잔치상 · 제사상에 올리는 음식이다. 산적과 김치누름적을 제사상에 올릴 때는 굽이 달린 제기에 10cm 정도 높이로 원통형이 되도록 가지런히 쌓아 올린다.

김치산적은 김치 줄기 부분만을 가운데손가락 크기로 잘라 양념한 쇠고기 · 실파와 함께 꼬챙이에 차례로 꿰어 밀가루와 계란물을 입혀 기름에 지진 것이다. 김치누름적은 묽은 밀가루 반죽을 기름 두른 팬에 한 국자씩 얇게 편 다음 김치 줄기와 다시마 · 실파를 나란히 얹어 앞뒤를 노릇하게 지져낸 것으로 충청도 지방의 제사상에 꼭 올라가는 음식이다.

김치산적이나 김치누름적과는 달리 김치전은 평소에 가정에서 간식으로 종종 만들어 먹는다. 날씨가 궂은 날이거나 입이 궁금할 때면 흔히 김

김치부치개

치전을 부쳐먹는 가정이 많은데 과거 먹을 거리가 궁했던 시절 김치전은 간식으로서의 역할을 톡톡히 해내었다. 김치전은 남녀노소 누구나 즐겨 먹는 한국인의 소박한 먹거리이다.

* 김치찜 · 김치부치개 (사진: 『우리가 정말 알아야 할 우리 김치 백가지』, 한복려 지음, 현암사)

2. 세계의 절임 식품

한국의 김치와 같은 발효식품으로서 오이나 양배추 같은 채소나 과일을 식초 · 설탕 · 소금 · 향신료를 섞은 액체에 절여서 만든 음식을 피클(pickle)이라고 한다. 피클은 나라마다 그 맛이 다르고 쓰이는 재료도 다르다. 야채를 절인다는 것은 혐기성 발효에 의해서 식품을 저장하는 수단이다. 대개 소금물에 담가서 발효시키면 유산(lactic acid)이 생성되고, 식초나 설탕을 써서 야채를 저장하는 경우에는 구연산이 생긴다. 절임 야채는 신맛이 나는 것이 특징인데 이 경우 야채의 pH는 4.6 이하로 웬만한 박테리아는 살 수가 없다. 절임 야채의 경우 대개 1개월 이상의 장기 보관이 가능하므로 옛날에는 선원들이 긴 항해를 할 경우 야채를 섭취하기 위한 방법으로 만들어졌다고 한다. 흔히 야채를 절일 때는 겨자 · 마늘 · 계피 · 클로브 같은 항미생물 허브나 양념을 첨가하는데 세계적으로 이름난 절임 음식을 살펴보면 아래와 같다.

즈케모노

즈케모노는 일본 사람들이 먹는 김치의 일종으로 간장이나 된장, 식초 그리고 쌀겨와 술지게미에 채소를 절인 것이다. 일본인들은 무로 만든

다꾸앙이나 매실을 절인 우메보시, 그리고 무청 · 오이 · 배추를 즈케모노 재료로 사용하며 이들은 대개 짠 반찬이어서 밥을 먹을 때 같이 먹는다. 전통적으로 일본인들은 즈케모노를 집에서 만들어 먹기 때문에 즈케모노 만드는 일이 우리나라의 김장처럼 일본 가정의 식품 저장 행사로 손꼽히고 있다. 요즈음은 슈퍼 마켓에서도 쉽게 살 수 있지만 입맛이 까다로운 사람들은 아직도 집에서 만들어 먹는다. 즈케모노는 나무통에 저장해 놓고 다 먹을 때까지 위를 돌로 눌러놓는다. 즈케모노 중에서 몇가지만 소개한다.

후쿠진스케

일본 사람들이 가장 많이 먹는 절임 식품으로 무 · 가지 · 연근 · 오이 들을 잘게 썰어서 간장 향이 나도록 절인 것이다. 사각사각 씹히는 맛이 있다. 후쿠진스케라는 이름은 행운을 가져다주는 일곱 신의 이야기에서 유래되었다고 한다. 그 이름에 충실하기 위해서 7가지 야채를 쓰는데 위의 네 가지에다 나타마메라는 콩과 들깻잎, 그리고 시이다게라는 버섯을 더한다.

다쿠앙

다쿠앙도 일본인들이 즐겨 먹는 즈케모노의 일종이다. 다쿠앙을 만드는 무는 종류가 따로 있는데 길고 가늘어서 잘 휘어지는 다이공무를 사용한다. 다이공무를 말려서 소금간을 한 술지게미에 묻어 두었다가 꺼내서 썰어 먹는다. 오래 두고 먹을 것은 다이공무를 둥글게 휘어질 때까지 말리고 빨리 먹을 것은 반만 휘도록 말려서 쓴다. 일본 음식을 먹을 때 다른 즈케모노와 함께 나오는데 일본인들은 식사 마지막에 다쿠앙이 소화를 돕는다고 믿기 때문에 꼭 먹는다.

우메보시

우메보시는 매실 절임 음식으로 일본인들이 전통적으로 먹는 츠케모노이다. 보통 둥근 모양으로 주름이 적은 것과 많은 것이 있는데 구연산 함량이 많기 때문에 맛은 짜면서도 시다. 매실이 많이 생산되는 와카야마현 미나베는 일본에서 손꼽히는 우메보시 생산지이다. 우메보시에 함유된 구연산은 타액 생산을 증가시켜 밥의 소화를 돕는다. 일본인들은 감기에 대한 전통적인 치료법으로 콧물이 흐르고 기침을 하면 따뜻한 쌀밥에 우메보시를 먹는다.

인디안 피클

인디안 피클은 인도와 동남아 지역에서 주로 먹는 다양한 양념이 첨가된 반찬으로 음식의 맛을 더 내기 위해서, 작은 양으로도 식사를 마칠 수 있도록 하는 역할을 한다. 인도의 피클은 유럽과 달리 식초 대신에 기름을 쓰는데 세계 여러 나라에 수출되는 안드흐라 프라데쉬(Andhra Praddesh) 피클은 그 맛과 향이 대단히 강하다

동남아시아에서는 모든 종류의 과실과 채소로 피클을 만들어 먹는데 레몬 피클이나 라임 피클, 그리고 커리플라워 · 당근 · 무 같은 채소가 혼합된 혼합 피클과 망고 피클, 양파 피클, 마늘 피클을 주로 만들어 먹는다. 피클을 만드는 법은 그 계절에 나는 야채와 과실을 깨끗이 씻어서 곱게 다져 양념과 섞고 기름이나 레몬 주스를 넣고 버무린 후 도기 항아리나 유리 항아리에 넣어 꼭 봉한 뒤 숙성시켰다가 먹는다.

아차르(achar) 피클

고추 · 라임 · 망고 등의 채소나 과일을 소금에 절여 발효시킨 음식으로 시거나 매운 맛을 낸다. 인도와 동남아 일대에서 많이 먹는다.

아바카야 파치차디(망고 피클)

안드라 지역에서 가장 흔하게 먹는 피클로 망고로 만들었다. 집에서 만들어 먹는데 익기 전 망고의 신맛이 그대로 나면서 사각사각 씹히는 맛이 있다.

처트니(chutney)

인도 음식과 함께 나오는 양념이다. 과일 · 채소 · 향료식물 등으로 만들며, 강한 맛과 부드러운 맛으로 조미할 수 있다. 망고, 기타 과일, 양파, 건포도, 설탕, 향료를 끓여서 만든다. 인도의 카레 요리는 한 가지 이상의 처트니를 넣어 만들며, 서양의 처트니는 냉육과 함께 먹기도 한다.

처트니에는 마른 형태와 묽은 형태가 있다. 마른 처트니는 일반적으로 가루로 되어 있고 그 계절에 그 지역에서 구하기 쉬운 독특한 향이 나는 재료를 사용해서 만든다. 흔히 만들어 먹는 것에는 양파 처트니, 코코넛 처트니, 토마토 처트니, 고수나 박하 처트니가 있다. 그 이외도 타마린드 처트니, 설익은 망고로 만든 망고 처트니, 덜 익은 라임으로 만든 라임 처트니, 신선한 마늘이나 코코넛을 이용해서 만든 마늘 처트니, 파란 토마토로 만든 토마토 처트니, 남아프리카에서 흔히 볼 수 있는 복숭아와 칠리 처트니, 땅콩 처트니 등등 다양한 처트니가 있다.

사워크라우트(sauerkraut)

사워크라우트는 독일말에서 유래된 것으로 양배추를 썰어서 유산균으로 발효시킨 음식이다. 이런 점에서 세계의 여러 가지 절임 음식 중에서 김치와 가장 유사하다고 할 수 있다. 양배추를 소금과 신맛이 나는 액체에 넣어서 발효시킨 역사를 보면 유사 이전으로 거슬러 올라가야 하는데 사워크라우트를 만드는 근대적 기술은 서기 1550~1750년 사이에 개발되었다. 1700년대 후반 제임스 쿡(James Cook, 1776년) 선장은 오랜 기간 항해를 할 때 괴혈병에 걸려 고생하는 선원들 중에서 사워크라우트를 먹은 선원과 먹지 않은 선원 사이에 큰 차이가 있음을 발견하였다. 그 후부터 사워크라우트는 장기간 배를 타는 선원들이 괴혈병을 예방하기 위해 반드시 챙겨 먹는 식품이 되었다.

사워크라우트는 유산균에 의해서 발효시키는 피클링 과정이다. 충분히 숙성된 사워크라우트를 꼭 봉해서 공기와의 접촉을 차단하고 서늘한 곳(섭씨 15도 이하)에서 보관하면 서너 달 동안 저장할 수 있다. 소금은 사워크라우트의 맛을 내는 주요 성분으로서 양배추의 양에 따라서 또는 저장 기간에 따라서 소금 양이 다르지만 보통 재료의 0.6~2%를 사용한다. 사워크라우트는 양배추를 통째로 담기도 하고 잎을 잘게 썰어서 담기도 한다. 붉은 양배추를 이용해서 사워크라우트를 만들기도 하고 베리나 당근을 넣을 때도 있다.

사워크라우트는 오랫동안 유럽 여러 나라에서 주식처럼 섭취되어 왔다. 네덜란드, 러시아, 폴란드, 프랑스 알사스 지방, 라트비아, 에스토니아, 리투아니아에서는 거의 주식으로 베이컨과 함께 섭취한다.

독일

오랫동안 독일 사람들은 많은 양의 사워크라우트를 주식처럼 섭취해왔다. 독일인에게 인기있는 일상 식으로는 더운 사워크라우트를 감자국수와 치즈를 뿌린 경단과 함께 먹는 것이다.

헝가리

헝가리에서는 겨울에는 사워크라우트를 조리하지 않고 생으로 먹는데 겨울 동안에 이들이 비타민 C의 공급원 노릇을 한다. 소세지나 다른 고기를 먹을 때 반드시 곁들여 먹는다. 헝가리인들이 좋아하는 또 다른 음식은 조리한 더운 사워크라우트에 생크림을 얹어서 빵과 함께 먹는 것이다.

폴란드

폴란드 사람들은 사워크라우트로 국을 끓이거나 스튜를 만들어 먹는다. 국에는 덤플링이 들어 있고 더운 야채 요리와 함께 먹는다. 얇게 저민 양파와 소량의 설탕을 첨가해 약간 감미가 나게 만들어서 차가운 야채 요리와 함께 먹는다.

불가리아

불가리아에서는 다양한 음식에 사워크라우트를 쓴다. 특히 닭고기나 돼지고기 스튜를 만들 때 사용하고 대개는 기름과 파프리카로 양념을 해서 사라다로 제공한다. 소금에 절여서 만든 사워크라우트는 음료를 마실 때나 국을 끓일 때 국거리로 쓴다.

미국

독일을 비롯해서 유럽에서 이민온 사람들이 사워크라우트 만드는 방법과 이를 맛있게 먹는 방법을 미국에 전파했다. 펜실베니아에서는 지금도 정월 초하룻날 사워크라우트를 먹으면 행운이 온다고 생각한다.

극동 아시아

동북 아시아인의 음식에도 사워크라우트와 유사한 음식이 있다. 한국의 김치가 여기에 속하며 중국에서는 수안카이(Suancai)라고 불리는 신 야채 음식이 있다.

러시아

러시아에서는 맛이 신 베리의 일종인 크랜베리와 비트 그리고 사과나 당근을 다져서 양배추에 섞어 붉게 물이 들면 이를 소금에 절여서 사워크라우트를 만든다. 여기에 설탕과 해바라기씨 기름을 쳐서 먹는다.

오이 피클

오이 피클은 대략 4,400년 전에 메소포타미아에서 처음으로 만들어 먹었다고 전해진다. 인도에서도 베딕(Vedic) 시대부터 오이 피클이 알려져 있고, 아리스토텔레스는 병을 고치는 데에 오이 피클이 효과가 있다고 하였다. 고대 로마에서도 소금에 절인 식품을 일상의 음식으로 섭취했으며 줄리어스 시저의 군사들은 건강 증진을 위해서 오이 피클을 먹었다고 한다. 미국과 캐나다에서는 피클의 대명사로 불릴 정도로 오이 피클이 유명하다.

게르킨(gherkin)

게르킨은 소금에 절인 작은 오이 피클로 맛이 달고 시다.

코셔 딜(kosher dill) 피클

유대인의 전통 방식으로 만든 피클이며 대개 마늘을 넣고 소금에 절인다. 작은 크기의 오이를 마늘과 배추씨, 딜줄기 등의 양념을 넣고 소금에 절여서 만든다. 여름에 먹는 우리나라의 오이지와 맛이 흡사하다.

폴란드 오이 피클

작은 크기의 오이를 도기 항아리나 나무통에 담고 마늘과 홀스레디시를 넣고 소금으로 절여서 신맛이 날 때까지 수 주간 숙성시킨다. 따로 식초를 첨가하지 않아도 오이에 향이 배면서 시어진다. 음식을 먹을 때 곁들이거나 보드카를 마실 때 안주로 제공한다.

맺는 말

우리나라 김치의 역사는 부족 국가 시절로까지 거슬러 올라갈 수 있다. 고대인들은 무얼 먹느냐에 대한 고민이 컸을 것이고 더구나 염분 섭취가 필수인 생리적 조건을 만족시키기 위해서 모든 야채를 소금에 절여 섭취하였을 것이다. 양념을 갖추어서 먹기 시작한 김치는 2,500년이 넘는 긴 세월 동안 우리 민족의 식탁을 지켜왔다. 세계인의 절임 식품에서도 알 수 있듯이 각 나라 사람들은 다양한 채소들을 절임 식품으로 만들어 먹었다. 그중에서 양배추를 절임 식품으로 만들어서 육류 음식과 곁들여 먹는 예가 우리의 김치와 가장 흡사하다는 것을 알 수 있다.

인도인들이 만들어 먹는 절임 야채와 과실은 우리의 장아찌류에 비교되며, 일본인이 먹는 즈케모노도 종류는 다양하지만 대개 소금에 절인 야채와 과실로 한국의 장아찌류에 속한다. 이렇게 볼 때 다양한 양념을 혼합해서 숙성시켜 먹는 우리나라의 김치는 세계 어느 민족도 따라가지 못하는 독특한 형태의 절임 식품이라고 할 수 있다.

참고문헌

윤서석, 『우리나라 식생활 문화의 역사』, 신광출판사, 1999
이효지, 『한국의 김치문화, 신광출판사』, 2000
이태령 · 김점식 · 정동효 · 김호식, 「김치성분에 관한 연구」(제2보); 「김치 숙성과정에 있어서의 Vitamin 함량의 변화」, 과연휘보 vol.5 43-50 (1960, 2월 10일 수리)
구영조 · 최신영, 『김치의 과학 기술』, 한국식품개발연구원(기술신서 제2집), 1990
임효재, 『한국고대 도작문화의기원』, 학연문화사, 2000
경북대학교출판부, 고전총서 10 『음식디미방』, 2003
유중림 · 윤숙자, 『증보산림경제』, 지구문화사, 2005
윤숙자, 『한국의 저장 발효음식』, 신광출판사, 2001
이효지 외, 『시의전서』, 신광출판사, 2004

찾아보기

김 숙 희

1960년 이화여자대학교 가정대학 식품영양학과 졸업
1964년 텍사스여자대학 대학원 영양학 Ph.D. 취득
1965. 8. 존스홉킨스대학 영양학교실 박사후 연구원
1965. 9. ~ 2002. 8. 이화여자대학교 교수 역임
2002. 9. ~ 현재. 이화여자대학교 명예교수
한국식품영양재단 이사장

저서
『식생활의 문화적 이해』(신광출판사, 1998)
『무얼 어떻게 먹지』(정우사, 2009)

역서
『적응하는 인간』(상 · 하)(이화여자대학교출판부, 1987)

* 이 책에서 출처를 표기하지 않은 김치 관련 사진들은(몇가지를 제외하고) '2009년 광주김치문화축제'에서 사진가 강영숙 님이 찍은 것입니다.

이화여자대학교출판문화원 기획 시리즈

'우리 문화의 뿌리를 찾아서'

1. 한국사 입문 신형식 지음
2. 전통 한복의 멋-노리개 이경자 지음
3. 한국의 지붕 · 선 임석재 지음
4. 한국의 창 · 문 임석재 지음
5. 한국의 돌 · 담 · 길 임석재 지음
6. 한국의 전통 공간 임석재 지음
7. 한국의 꽃살 · 기둥 · 누각 임석재 지음
8. 우리춤 김말복 지음
9. 한국 고전여성작가의 시세계 이혜순 지음
10. 한국의 탈춤 조동일 지음
11. 한국의 전통 교육 최완기 지음
12. 한국의 풍속 : 민간 신앙 최준식 지음
13. 한국의 전통 사회 : 화폐 원유한 지음
14. 한국의 전통 공예 : 도기 나선화 지음
15. 한국의 전통 선박-한선(韓船) 최완기 지음
16. 한국의 여행 문학 김태준 지음
17. 한국의 전통 사회 : 시장 정승모 지음
18. 한국의 전통 공예 : 소반 배만실 지음
19. 조선 상류 주택의 내부 공간과 가구 최상헌 지음
20. 한국의 전통 사회 : 운송 기구 최운식 지음
21. 한국의 종교 : 불교 최준식 지음
22. 한국의 전통 과학 : 천문학 박창범 지음
23. 한국의 전통 무예 : 18기 최복규 지음
24. 한국의 풍속 : 잔치 윤서석 지음
25. 한국의 전통 마을 오홍석 지음
26. 한국의 전통 시가 김대행 지음
27. 한국의 전통 회화 홍선표 지음
28. 한국의 음식 : 김치 김숙희 지음
29. 한국의 족보(族譜) 정승모 지음
30. 한국의 문자 : 한글 박창원 지음

한국의 음식 김치

펴낸날 1판 1쇄 2010년 1월 29일
1판 2쇄 2017년 6월 23일
지은이 김숙희
펴낸이 권은미
펴낸곳 이화여자대학교출판문화원
주소 서울특별시 서대문구 이화여대길 52(우 03760)
등록 1954년 7월 6일 제9-61호
전화 02-3277-2965(편집), 362-6076(마케팅)
팩스 02-312-4312
전자우편 press@ewha.ac.kr
홈페이지 www.ewhapress.com
책임편집 정경임
디자인 GNA Communications
찍은곳 한영문화사

ISBN 978-89-7300-778-3 04380
ISBN 978-89-7300-602-1 (세트)
값 12,000원